ネット広告＆通販の第一人者が明かす

100%確実に売上がアップする最強の仕組み

売れるネット広告社
代表取締役社長
加藤公一レオ
Leo Koichi Kato

ダイヤモンド社

はじめに

最初に断言しよう。

この本は通販・ネットマーケティングの「最強バイブル」である。

この本の目的はたった1つ。

あなたのネット通販事業を「大成功」させること。


世の中には「ネットマーケティング」をテーマにした本が腐るほどある。

しかし、ほとんどが同じ内容だ。

「ネットマーケティング」に関する本の多くが、特定のネット広告の市場動向だったり、「次世代マーケティング」や「次世代テクノロジー」についてだったりする。

最近で言えば、「ソーシャルメディアマーケティング」「グロースハック」「コンテンツマーケティング」「ビッグデータ」「カスタマージャーニー」など、バズワードにすぎない〝キレイゴト〟を並べた広告業界向けの内輪の本ばかりだ。

しかし、通販会社の経営者や社員にとっては、ネットの市場動向やテクノロジーやトレンドについて知るよりも、

「どうやったらネット広告の費用対効果を上げることができるか」

「どうやったらネット広告で売ることができるか」

を知ることが1番重要である。

どんな時代になっても広告の本質は〝売ること〟であるからだ。

特に、**ネットは売りに直結できるメディア**ということが1番の特徴である。

通販にとっての広告とは、要は「売れるかどうか」という結果がすべて。逆に売れない広告なんかゴミである。

だから、この本に関しては、キレイゴトは一切語らず、通販関係者の方向けに「売

れるネットマーケティング」について、極めて実践的に書いた。
ネット通販における「広告（集客）からCRM（引上・リピート・クロスセル〈関連商品の購入を促すこと〉）まで」の最強ノウハウを徹底的に語り、すべての通販関係者の方々がカンタンにネットでの反響を大きくして、売上を上げるノウハウや仕組みを**本音で大公開**する。

私が代表を務める「売れるネット広告社」には、**日本の大手メーカー通販の7割以上**からコンサルティングを依頼されている。

もっと言うと、**やずや、味の素、エーザイ、オークローンマーケティング、花王、興和、サンスター、JIMOS、日清食品、ハウス食品、はぴねすくらぶ、森永乳業、山田養蜂場、ライオン、ロート製薬、アサヒフードアンドヘルスケア**など、日本で成功している通販会社のほとんどが、「売れるネット広告社」のコンサルティングを受けてきた。

ここでは錚々たる一流企業の例をあげたので、中小企業では使えないのでは？　と思われたかもしれないが、そんなことはまったくない。大企業から中小企業、個人事業主の方まで、200社を超えるあらゆる規模や業態の通販会社が使って大成功した万能のノウハウを、この1冊に凝縮した。

私自身、三菱商事から大手広告代理店のアサツーディ・ケイ（ADK）に行き、一貫してダイレクトマーケティングに従事。2010年に「売れるネット広告社」を立ち上げた。

ダイレクトマーケティング型ネット広告に特化した経験で言えば、日本の広告業界の誰よりも経験があるし、この分野では完全なパイオニアだという自負がある。

実際に、**どんなクライアント（広告主）であろうと、100％確実に大儲けさせられる「ネットマーケティングの勝利学」**を身につけている。

また、**広告・マーケティング業界のオリンピックとも称される「アドテック」では、アドテック東京2012公式カンファレンス人気スピーカー1位、アドテック九州2**

013～2014公式カンファレンス人気スピーカー1位（計3年連続1位）となった。

ズバリ、通販のネットマーケティングの分野で私に敵はいない、と言っても過言ではない。

ウソだと思うなら、「加藤公一レオ」や「売れるネット広告社」でぜひ検索をしてほしいし、周りの通販関係者にぜひヒアリングしてほしい。

完全保証しよう。
この本でお話しする
「最強の仕組み」を
あなたがしっかり実践すると、
100%確実に
ネット広告の費用対効果を上げることができる。

「はあ？　１００％確実？　この著者、こんな強気な宣言をしていいのか？」

とあなたは思っているかもしれない。

通常、著者は１００％という言葉を絶対に使わない。

なぜかというと、そんなことを言ったら著者にリスクがあるからだ。

ただし、**この本に関して、私は１００％確実にネット広告の費用対効果が上がることを宣言する。**

もっと言うと、**約束する。**もっと言うと、**保証しよう。**

なぜ、そんなことが言えるのか？

私は、２０００年から15年間、あらゆる通販クライアントから**累計２００億円以上の広告費**をお預かりして、あらゆるネット広告キャンペーンを実施してきた。

15年間で２００億円の広告費を運用する中で、何百回もの【Ａ／Ｂテスト】（同じ条件で、複数の広告クリエイティブを露出し、その反応から最も効果の高いクリエイティブを測定するテスト）をしてきた。

ズバリ、Ａ／Ｂテストをした数だけで言うと、**圧倒的に日本一**だと自負している。

何百回ものＡ／Ｂテストを繰り返すと、すべての答えがわかってしまう。
たとえば、何をやったらレスポンスが２・５倍上がるのか？
何をやったらレスポンスが３・７倍上がるのか？
何をやったらレスポンスが４・２倍上がるのか？
など、すべての答えがわかってしまうのだ。

この本ではズバリ、２００億円の広告運用で何百回というＡ／Ｂテストを行ってきた中で、特にレスポンス率や費用対効果が劇的に上がったＡ／Ｂテストの結果を大暴露する。

この本に仮説やキレイゴトは一切なし。
すべてはＡ／Ｂテストにより劇的にレスポンス向上が実証された結果ばかりだ。
しかも、**５社以上で同じ結果が出た内容のみを公開**する。

つまり、どんな通販会社でも、必ずネット広告でレスポンスを上げた、費用対効果と売上を上げるためのノウハウと仕組みを **〝カンニングシート〟として初めてバラす**のだ。

たとえば、あなたが富士山の頂上を目指すのであれば、ヘリコプターで8合目までお連れするような、もし、あなたが明日東京大学の試験を受けるなら、すべての答えを教えてしまうような、そういう本である。

しかも、このノウハウと仕組みは100年以上の歴史のあるダイレクトマーケティングの思想そのものを大事に、何百回ものテストを重ねたうえで現代に具現化したもの。

だから絶対古びないし、普遍性がある。

基本そのものは、**10年後、いや20年後でも使えるという自負がある。**すぐにすたれてしまう「○○マーケティング」の類とは一線を画すものだ。

実際に、ここ数年で私（売れるネット広告社）が手掛けたこの本に書いてある「最強の仕組み」を実践しているクライアントは、**平均的に約6倍以上、広告の費用対効果が改善してきた。最大18倍以上改善**したクライアントもいる。

繰り返すが、**この本の結果（内容）をすべて実行したら、あなたのネット広告の費用対効果は、１００％確実に必ず上がることを宣言するし、約束するし、保証する。**

さあ、この本に書いてある結果を実行し、キレイゴトなしにカンニングシートで〝ズル〟をしよう。

加藤公一レオ

２０１５年３月吉日
株式会社 売れるネット広告社
代表取締役社長

Contents

『ネット広告&通販の第一人者が明かす
100%確実に売上がアップする最強の仕組み』

第3章 「コンバージョン率」を飛躍的に上げる方法

第4章 「アップセル率」を最高に上げる方法

第5章 ネットで「クチコミ（友達紹介）率」を劇的に上げる方法

第6章 100％確実に「レスポンス率」を上げ続ける方法

第7章 「引上率・リピート率」を驚異的に上げる方法

第8章 大成功する広告代理店とのつき合い方22か条

最終章 ネット広告／通販で売上を劇的に上げる〝最強の仕組み〟のまとめ

第1章

儲かる仕組みをつくれ

ネット広告をやる前に、まずは「儲かる仕組み」をつくる

物を売る世界では、一般的に「売り7割・商品3割」と言われる。

ネット通販の世界で売れる決め手は、ズバリ「ネット広告」である。

ただし、ネット広告にお金を投資する前に、まず重要なことは**「儲かる仕組み」を構築**すること。

「仕組み」ができてこそ、広告は生きてくるのである。

しかし、世の中の多くの通販会社は、「儲かる仕組み」がないまま広告を実行している。

広告で高い本商品の即時購入を一生懸命煽《あお》り、買ってくれたわずかなお客様にゴミみたいな大量のメルマガを配信し続ける……。

その結果、ＣＰＯ（Cost Per Order：顧客１人の本商品獲得にかかったコスト→53

ページ）がボロボロなのはもちろん、その広告費を回収するほどの売上／利益を稼ぐことができない。

「儲かる仕組み」がないまま広告をやり続ければ続けるほど、赤字がどんどん累積していくのである。

大切な広告費をドブに捨てるようなものだ。

逆に、「儲かる仕組み」を構築したうえで広告をやると、まるでベルトコンベアのようにお客様がどんどん商品を買ってくれ、売上がどんどん上がっていくのだ。

だから、私がクライアント（広告主）のコンサルティングに入る際は、いきなり広告を提案することを絶対しない。

「儲かる仕組み」を構築するところから始めるのだ。

つまり、採算がとれるビジネスモデルを構築するところから提案するのである。

「高レスポンス」「高引上」「高リピート」"3高ルール"で売上が劇的にアップする

では、その「儲かる仕組み」とは何か？

ネットで効率を劇的に上げ、売上を劇的に最大化すること。

つまり、儲けるための仕組みはとてもカンタン。

次の3つのルールに沿ったプロセスを継続的に行うことである。

①広告で多くの「見込客」を効率よく集めること（＝高いレスポンス）

②その見込客の多くを注文してくれる「既存客」に引き上げること（＝高い引上）

③その既存客に何度もリピートしてもらい、「固定客」にすること（＝高いリピート）

成功している通販会社は、たとえどんな業種であろうと、この3つのルールに沿ってネットマーケティングを行っている。

ネット広告／通販で成功する３つのルール

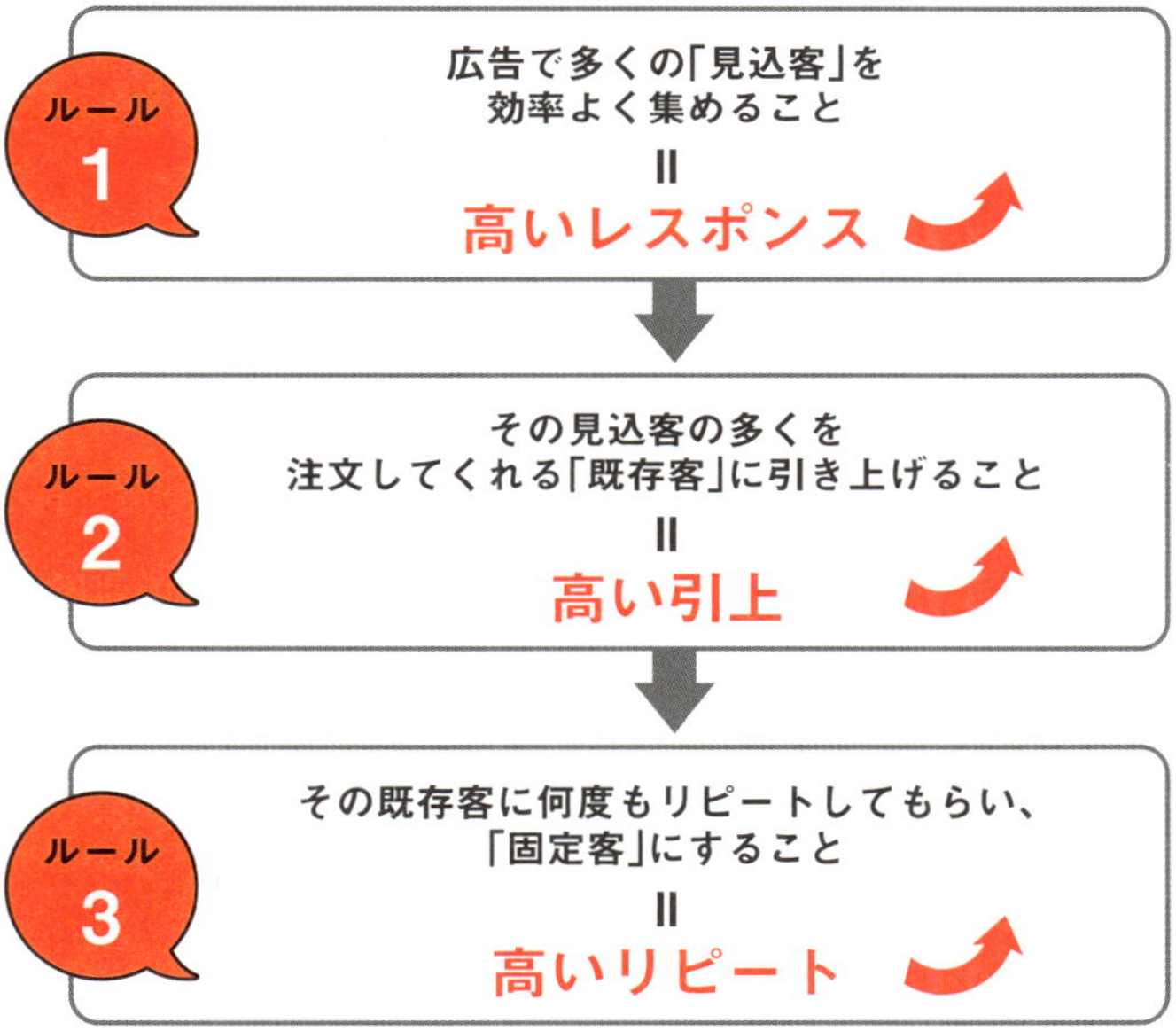
ルール
1
広告で多くの「見込客」を
効率よく集めること
＝
高いレスポンス
ルール
2
その見込客の多くを
注文してくれる「既存客」に引き上げること
＝
高い引上
ルール
3
その既存客に何度もリピートしてもらい、
「固定客」にすること
＝
高いリピート

「まずは広告で**〝見込客〟**を徹底的に集め、その見込客の多くを購入に引き上げ**〝既存客〟**にして、その既存客に何度もリピート購入してもらい、**〝固定客〟**に育てる」

といった中長期的視点のビジネススタイルでネットマーケティングを行っているのである。

実際に日本最大のポータルであるYahoo! JAPAN（以下ヤフー）などでネッ

ト広告を大量に出稿している（もっと言うと出稿できている）通販系の広告主を研究すると、9割以上がこのルールで実施しているのだ。

実は、これらの会社の多くは最初のほうは赤字になる場合がほとんどだが、新規購入で利益を上げるのではなく、そのお客様の**「年間購入単価（LTV＝Life Time Value：1年間での顧客1人あたりの購入単価→53ページ）」**を上げるための**顧客育成**を徹底的に行い、**継続的に購入**してもらうことで膨大な利益を出しているのである。

「年間購入単価（LTV）」を視野に入れているから、これらの会社は積極的およびダイナミックな広告展開ができ、一気に大量の顧客を獲得し、ネット上の市場のパイをあっというまに奪ってしまうのである。

ルール1
広告で多くの「見込客」を効率よく集める
▼高いレスポンス

ネット広告を行う場合、**商品を売ってはいけない。**

ネット広告を行う場合、**「商品に興味がある人を募集すべき」**である。

ここであなたに1つ質問をしたい。

「この10年間で1度でもネット広告をクリックして、その場で物を買った人はいますか？」

今までこの質問をセミナーで何度もしたことがあるが、90％以上の方が「1度もない」と答える。我々マーケターでもないのだから、一般的なお客様はもっとないのだ。

実際に、自分の広告から誘導しているサイトのログを見てほしい。

これは必ず見てほしい。

あなたが広告を投資して多くのお客様がサイトに訪れても、**99%のお客様が10秒以内にサイトを出ていっている**はずだ。


その理由はすごくシンプル。

ネットのお客様の最大の特徴は、徹底的に**「比較検討」**することにある。

重要なので、再度言う。

ネットのお客様の最大の特徴は、徹底的に「比較検討」することにある。


あなたのサイトから出ていったお客様が何をしているかというと、たとえば楽天に行って、よりよい商品がないか、より安い商品がないかを調べている。

たとえば、クチコミサイトに行って、あなたの商品のよいところ、それ以上に悪いところを調べている。同時にあなたの会社の競合商品も調べている。

徹底的に比較検討して、残念ながらあなたのサイトには戻ってこない。

だからネット広告のコンバージョン（申込）率はあんなにクズみたいに低いのだ。

つまり、ネットにおけるあなたの1番の敵は**「比較検討されること」**である。

であるならば、**比較検討される前に個人情報を奪ってしまえ！**

具体的には、**〝無料モニター（サンプル・お試し）〟や〝100円モニター（サンプル・お試し）〟や〝500円モニター（サンプル・お試し）〟**を通じて、商品を購入する可能性が高い**「見込客」リストを手に入れることだけに広告を集中**させるのである。

無料だったり100円だったり500円の低価格のモニター（サンプル・お試し）セットであれば、お客様にとってリスクがないため、お客様は一切比較検討する必要がない。多くのお客様がその場で個人情報を入力してくれる。

ここでたとえ話をしよう。

合コンに行って、会場にいる好みの女性に突然「つき合ってください！」と告白しても絶対に無理がある。それよりも「今度食事に行きませんか？」と連絡先（個人情報）を交換し、デートに誘い、自分の性格や魅力を伝えて、相性が合うようだったら「つき合ってください！」と告白をしたほうが何十倍も恋人にできる確率は高まる。

広告でも同じだ。

たかがネット広告と、サイトで突然「買ってください」と伝えても、お金を払うことに慎重な現在のお客様を口説くことは至難の業。

いきなり商品を売るにはハードルが高すぎるのである。逆に、

「まずは無料モニターで申し込んでみませんか？」

「まずは500円のモニターで申し込んでみませんか？」

などハードルを下げてあげると、広告のレスポンスが劇的に上がる。

そう、商品を売る広告よりも、商品に興味のある「見込客」を集めるほうが圧倒的にカンタンなのである。レスポンス率もまったく違う。

当然ながらCPA（Cost Per Action：1人のレスポンス獲得にかかったコスト→53ページ）もまったく違うのである。

どれくらい違うかというと、商品をいきなり売る広告よりも、「見込客」を集める広告のほうが、楽々数十倍以上のレスポンスを獲得することができる。

楽々、数十倍以上である。

その集めた「見込客」に対して、フォロー活動（CRM）を行い、本商品を申し込ませる仕組みのほうが、ズバリ、最終的なCPOはよいのだ。

実際に世の中でネット広告をガンガンやっている通販会社（広告主）を今後しっかりと意識して見てほしい。

ほぼすべての会社がネット広告から直接商品を売っていない。

ほぼすべての会社がネットから**無料、100円、500円などの低価格モニター（サンプル・お試し）で「見込客」を集めることに特化**しているのだ。

ネット広告では「見込客」を集めることだけに特化

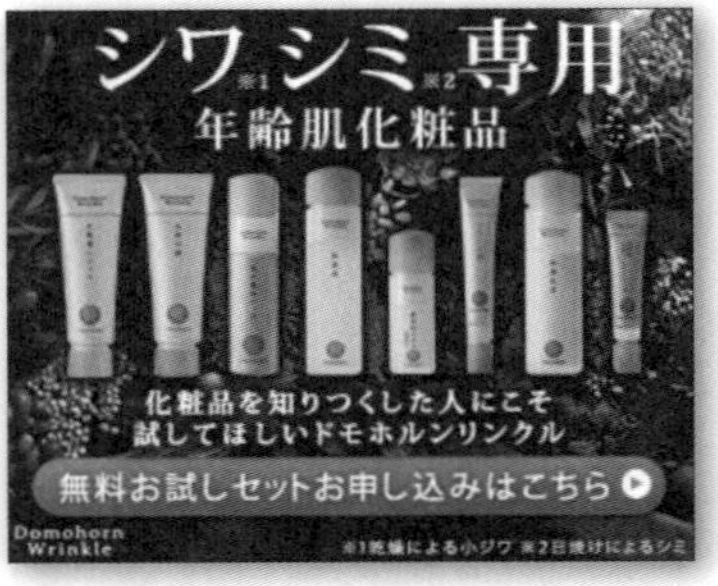

ルール2

見込客に購入してもらい、「既存客」にする

▼高い引上

「いきなりネット広告で本商品を売る」方法論のことを〝**ワンステップマーケティング**〟と言い、「ネット広告で〝見込客〟を集め、本商品購入に引き上げる」方法論のことを〝**ツーステップマーケティング**〟と言う。

多くの通販会社は、ネット広告でいきなり本商品を売ろうとするワンステップマーケティングで多くの機会損失をしている。

ツーステップマーケティングは、多少回りくどいやり方に見えるかもしれないが、特にネットの世界では、結果的に抜群の費用対効果を生み出すので、ぜひ活用すべきである。

当然ながら「見込客」を集めるだけでは意味はなく、そこから本商品購入に引き上

ネットではツーステップマーケティングが効果的

げないと儲からない。レスポンスも重要だが、**そこから何人に本商品を購入してもらえるか**がもっと重要である。

集めた「見込客」は、リスクがないとはいえ、わざわざサイトで面倒な申込フォームを記入してくれた人たちだ。

商品に興味がある**〝潜在顧客リスト〟**であるわけだから、フォロー活動（ＣＲＭ）をするだけで、結構な確率で商品を購入してくれる**「既存客」に引き上がる**のである。

だから、本商品を買ってもらえるよう徹底的に**「口説く」**ことが重要である。

申込者に〝無料モニター〟や〝お試しセ

ット〟などを送付する際に、しっかりとしたセールスレターや商品パンフレットを同梱することはもちろん、**メールで「本商品を申し込みませんか？」と徹底的にフォローする**ことが重要である。

ネットで申し込んだお客様は、やはり購入もネットで行う比率が非常に高いのである。

そこで、ネット向けのお客様を引き上げるために重要および効果的なツールは、やはりネット、つまり、メールである。

仮に１００万円の広告費をかけたとして50人のレスポンスしかとれない広告でも、「見込客」を集める広告に変えるだけで、１０００人以上のレスポンスをとることは可能だ。

その集めた１０００人以上の潜在顧客リストへしっかりフォローして、仮に２００人が本商品を買ってくれたとしたら、**４倍以上の売上**を稼ぐことになる。

繰り返すが、ワンステップマーケティングよりも、ツーステップマーケティングのほうが最終的なCPOは圧倒的にいいのだ。ここでそれを証明しよう。

私は広告マンではなく、コンサルタントだ。

だから、広告代理店の人のように、いきなり「ネット広告をやりましょう」という話はしない。

ではまず、何をするかというと、クライアントに、**「会社の今のビジネスモデルは正しいのか」をテスト**させる。つまり**検証**させるのである。

ここで、実際、私がクライアントに行った**ビジネスモデルのA／Bテストの「4つのケーススタディ」**を紹介したい。

ケース❶ 健康食品通販のCPOが3分の1に

このクライアントは今では九州でトップの通販だが、数年前は2000円の健康食品をずっとネット広告で、ワンステップマーケティング（いきなり本商品）で売っていた。

そのとき、ヤフーでの純広告のCPOはなんと1万5200円かかっていた……（ワンステップマーケティングの場合、CPA〈Cost Per Action〉＝CPO〈Cost Per Order〉となる）。

これに対して私は、

「ネット広告におけるワンステップマーケティングはダメ。ツーステップマーケティングに変えましょう。しかも７日分の〝無料モニター〟でいきましょう」

と提案した。

そこで、ツーステップマーケティングで、まったく同じヤフーでの純広告枠（具体的に言うと「ログインパネル」という枠）を使って7日分の〝無料モニター〟に変えた瞬間、なんと**ＣＰＡが１万５２００円から８００円まで劇的に改善**した。

でも、無料だから当たり前。これが無料のパワーである。

その後、その「見込客」に対してフォロー活動（ＣＲＭ）を行った結果、**引上率**

（モニター申込者中の本商品購入者の割合）が15％になり、**CPOが5333円まで改善**したのだ。

つまり、**ツーステップマーケティングに変えることにより、1万5200円だったCPOが約3分の1の5333円まで大幅改善**したのだ。

ケース❷　化粧品通販のCPOが6分の1に

このクライアントは、今では100億円くらいの売上がある化粧品通販だが、数年前は4000円の化粧品をずっとネット広告、しかもワンステップマーケティングで売っていた。

そのとき、ヤフーでの純広告のCPOはなんと3万600円もかかっていた……。

そこで、ツーステップマーケティングでまったく同じヤフーでの純広告枠（具体的に言うと「メールモンスター」枠）を使い、**5日分の〝無料モニター〟**に変えた瞬間、なんと**ＣＰＡが３万６０００円から５５０円まで劇的に改善**した。

その後、その「見込客」に対してフォローー活動（ＣＲＭ）を行った結果、**引上率（モニター申込者中の本商品購入者の割合）が10％になり、ＣＰＯが５５００円まで改善**した。

つまり、ツーステップマーケティングに変えることにより、**３万６０００円だったＣＰＯが約６分の１の５５００円まで大幅改善**したのだ。

ケース❸　ＣＰＯが４分の１になった食品通販

このクライアントはあなたも絶対知っている超大手の有名な食品会社だ。

数年前は２０００円の食品をずっとネット広告で、ワンステップマーケティングで売っていた。そのとき、ヤフーでの純広告のＣＰＯはなんと2万８０００円もかかっていた……。

この会社は超大手で、無料モニターには拒否反応があったため、**〝500円の有料モニター〟方式**をとった。

そこで、ツーステップマーケティングでまったく同じヤフーでの純広告枠（具体的には「ブランドパネル」枠）を使い、7日分の〝500円モニター〟に変えた瞬間、なんと**CPAが2万8000円から2500円まで劇的に改善**した。

その後、その「見込客」に対してフォロー活動（CRM）を行った結果、**引上率（モニター申込者中の本商品購入者の割合）が35%になり、CPOが7143円まで改善**した。

つまり、ツーステップマーケティングに変えることにより、**2万8000円だったCPOが約4分の1の7143円まで大幅改善**したのだ。

ケース❹ 化粧品通販でもCPOが4分の1へ

このクライアントは、今では**通販売上ランキングトップ10に入るくらいに大成功し**

ている通販会社である。

この会社は、実は最初からツーステップマーケティングを行っていたのだが、１０００円モニターで行っていた。そのとき、ヤフーでの純広告のＣＰＯはなんと2万２５００円かかっていた……。

これに対して私は、

「１０００円モニターでは価格が高すぎる。しかもこの価格帯はネットの世界では競合があふれている。おもいきって**〝１００円モニター〟**でいきましょう」

と提案した。

そこで、ツーステップマーケティングでまったく同じヤフーでの純広告枠（具体的には「プライムディスプレイ」枠）を使って、７日分の〝１００円モニター〟に変えた瞬間、なんと**ＣＰＡが４５００円から１０００円まで劇的に改善**した。

その後、その「見込客」に対してフォロー活動（ＣＲＭ）を行った結果、引上率（モニター申込者中の本商品購入者の割合）が16％になり、１０００円モニターのと

低価格ツーステップマーケティングはCPO効率がいい

		価格	CPA	引上率	CPO	
某健康食品通販（本商品単価2000円）		ワンステップ本商品	15,200円	＝	15,200円	CPOが1/3に
		ツーステップ無料モニター	800円	15%	**5,333円**	
某化粧品通販（本商品単価4000円）		ワンステップ本商品	30,600円	＝	30,600円	CPOが1/6に
		ツーステップ無料モニター	550円	10%	**5,500円**	
某食品通販（本商品単価2000円）		ワンステップ本商品	28,000円	＝	28,000円	CPOが1/4に
		ツーステップ500円モニター	2,500円	35%	**7,143円**	
某化粧品通販（本商品単価3000円）		ツーステップ1000円モニター	4,500円	20%	22,500円	CPOが1/4に
		ツーステップ100円モニター	1,000円	16%	**6,250円**	

※【CPA】１人のレスポンス獲得にかかったコスト（Cost Per Action）
【CPO】１人の本商品購入獲得にかかったコスト（Cost Per Order）

きより少しだけ悪化したが、入口のＣＰＡがあまりにもよかったため、ＣＰＯが６２５０円まで改善した。

つまり、ツーステップマーケティングのオファー価格を〝１０００円モニター〟から〝１００円モニター〟に変えることにより、**２万２５００円だったＣＰＯが約４分の１の６２５０円まで大幅改善**したのだ。

当然、この４ケース以外に、私はこの15年間で何十回とこのビジネスモデルのＡ／Ｂテストを行ってきた。

その結果、１００％断言できるのが、次のことだ。

・ネット広告においては、ワンステップマーケティングよりも「ツーステップマーケティング」のほうがＣＰＯ効率が必ずいい。

・モニター（サンプル・お試し）の価格は、１０００円モニターよりも５００円モニターのほうがＣＰＯ効率がいい。５００円モニターよりも３００円モニターのほうがＣＰＯ効率がいいし、３００円モニターよりも１００円モニターのほうがＣＰＯ

効率がいい。そして、100円モニターよりも無料モニターのほうがCPO効率がいい。

ただ、無料モニターと100円モニターは微妙なところで、**大手通販会社であれば無料モニターのほうが効率がいいのだが、中小通販会社であれば100円モニターのほうが効率がいい傾向**にある。

いずれにしても、ネット広告においては、**低価格のツーステップマーケティングのCPO効率が1番いい**のだ。

さらに、ツーステップマーケティングは、モニターで商品を使い、納得したうえで本商品を購入するので、ワンステップマーケティングに比べ**リピート率がずっと高い**のだ。

ルール 3

既存客に何度もリピート購入してもらい「固定客」にする

▼高いリピート

ネットに限らずどの商売であっても、売上を最大化するためには**リピートが最重要**である。

もっとはっきり言うと、単品通販とは、初回受注はきっかけであって、その後のリピート〈およびクロスセル〈関連商品の購入を促すこと〉〉で利益を出すビジネスモデルなのだ。

たとえ広告で効率よく「見込客」を集めて、効率よく「既存客」に引き上げたとしても、1回の商品購入だけでは広告費を回収できない場合が多い。

ヤフーなどの純広告でネット広告をやっている通販会社のCPOは、平均して商品価格の2・5倍以上かかっている。たとえば、3000円の商品の場合、CPOが7500円以上かかっているわけだ。

だから、ネット広告の費用対効果は、リピート（およびクロスセル）まで含めた**〝年間購入単価（LTV）〟**で見ないといけない。

企業の決算が1年であるように、ネット広告の決算も**「年単位」にすると、より正確に効果を把握できる。**

実際にネットで大成功している通販会社は、お客様に何度もリピートしてもらう。つまり、継続的に購入してもらう「固定客」を増やすことにより、広告費を回収して、膨大な利益を生み出しているのである。

リピートを視野に入れて徹底したCRM対策をしている通販会社は、年間購入単価（LTV）が高いため、高いCPOに耐えることができ、ヤフーをはじめネット広告の純広告をガンガン打つという積極的およびダイナミックな広告展開で一気に大量の顧客を獲得。ネットでの市場シェアをあっというまに奪ってしまうのである。

リピート率を上げるためには、当たり前だが商品がよくなければならない。顧客満売上を最大化する“リピート購入”

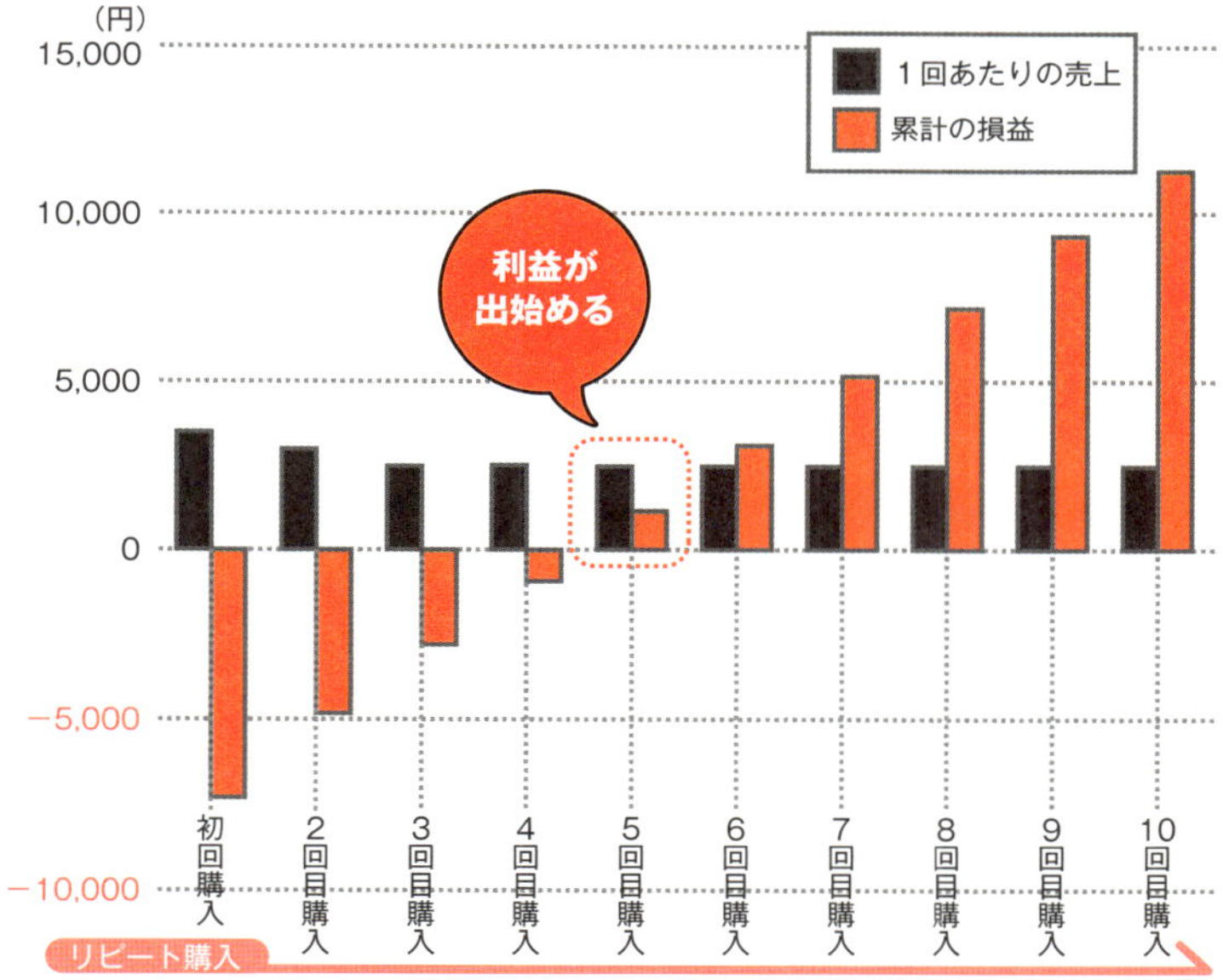
（円）
15,000
10,000
5,000
0
−5,000
−10,000
１回あたりの売上
累計の損益
利益が出始める
初回購入
2回目購入
3回目購入
4回目購入
5回目購入
6回目購入
7回目購入
8回目購入
9回目購入
10回目購入
リピート購入

足を与えずして、リピートは生まれない。ただし、商品がよくてもリピートを促進させるための仕組みがないと、これまたリピートは生まれない。

化粧品や健康食品などのリピート性の高い商品の場合は、自動的に毎月商品を送る「定期コース」に申し込んでもらうことが、リピートを最大化して儲けるための「固定客」化への１番の近道。だから、**「定期コース」を徹底的にオススメして、誘導すべき**なのだ。

「基本管理指標」はこれだけ把握しよう

私があらゆる通販会社と話している中でビックリするのが、多くの通販会社が基本的な管理指標、つまり、数字を把握していないことだ。

バカなマーケターがネット広告をやる場合、CPAまでの指標しか使わないが、今回お話しした「仕組み」づくりに際しては、より高度でより深い指標の数字を見なければならない。

左記が通販ビジネスにおける「基本管理指標」である。

もし今、あなたが自社のネットの**「CPA」「引上率」「CPO」「購入単価」「年間購入回数」「年間購入単価（LTV）」「年間ROAS」**などの基本的な数字を把握していないなら、今すぐ把握すべきだ。

もっと言うと、あなたの会社のネットに関わっている**すべての社員がこれらの数字**

基本管理指標はこれだけ！

指標	計算式	値
CPA：Cost Per Action １人のレスポンス獲得にかかったコスト ＊投下コストは媒体費。総レスポンス数は「モニター・サンプル見込客」の獲得件数	投下コスト／総レスポンス数	￥1,000
引上率 レスポンス者中、本商品購入者の割合	総購入者数／総レスポンス数	20.0%
CPO：Cost Per Order １人の本商品購入獲得にかかったコスト	投下コスト／総購入者数	￥5,000
購入単価 顧客１人あたりの１回の購入単価	年商／年間注文件数	￥2,500
年間購入回数 １年間での顧客１人あたりの購入回数	年間客単価／客単価	10回
年間購入単価（LTV） １年間での顧客１人あたりの購入単価	年商／顧客数	￥25,000
年間ROAS １年間での広告の費用対効果	年間購入単価（LTV）／CPO	500%

を常に把握しておくべきだ。

実際に、〝勝ち組通販〟では、ネット責任者はもちろん、社員から社長に至るまで、これらの数字を毎月把握している。もっと言えば、**暗記**しているのだ。

ここで重要なポイントは、**全社員が自分の実施した施策すべての投資コストに対する効果を精度高く把握すべき**ということである。

そして、把握した効果を次の施策にロジカルに反映し、

「最適化」させてこそ、ネット広告の費用対効果は劇的に上がるのである。

ここで重要な指標は、**「CPO」**と**「年間購入単価（LTV）」**である。

もっと言うと、**「年間ROAS」が1番大事**である。

①いかに広告で効率よく新規顧客を獲得できているか（＝CPO）

②獲得した新規顧客をいかにリピーター化し、年間売上を稼げているか（＝年間購入単価〈LTV〉）

③広告の費用対効果はどうなったのか（＝年間ROAS）

つまり、通販ビジネスで儲けるためには、なるべく**「CPO」を下げながら、「年間購入単価（LTV）」を上げていき、最終的にCPOよりも年間購入単価（LTV）が高い**という構造にしなければならない。

ちなみに、前ページの管理指標に入っている数字は、私のクライアントで最も絶好調な通販会社の指標である。

見てのとおり、1人の本商品購入獲得コスト（CPO）に5000円かかるのに対して、1人あたりの顧客が年間2万5000円購入してくれる（年間購入単価〈LTV〉）。つまり、**広告の費用対効果「年間ROAS」が500%**なのである。これは大儲けだ。

でも、世の中のあらゆる通販会社の社長と話していると、多くの通販の「年間購入単価（LTV）」は7000円くらい。なのに、それらの通販の多くの「CPO」は、なんと1万円かかっているのだ……。

これだと大赤字。広告をやるたびに損をすることになる。

当然、本書では、**「CPA」「引上率」「CPO」「購入単価」「年間購入回数」「年間購入単価（LTV）」「年間ROAS」など、すべての数字を100%上げるための「最強の仕組み」を伝授**する。

第２章

ネット広告の「クリック率」を上げる方法

はっきり言って、ネット広告など無視される

はじめに、あなたに質問したいことがある。

「ネットサーフィンをしているとき、ぶっちゃけネット広告（ディスプレイ広告など）をクリックしますか？」

おそらく「しない」と思った方が多数だと想像する。

この本の読者のあなたよりも、一般のお客様はもっと広告をクリックしない。

ネットの大普及により、ネット広告のリーチは毎年拡大しているが、実はクリック率は昔に比べてだいぶ低下しており、最近のネット広告（純広告）の平均クリック率は０・１％前後である。つまり、広告を見た**１０００人中１人程度しかクリックしない。**非常に低い数字である。

ネット広告の仕事をしている私がこんなことを言うのはタブーかもしれないが、クリック率が低い理由として、「ネットでは他の媒体以上に広告は無視される」からである。

そう、**ネット広告は無視される**のだ。

ネットという媒体では、お客様は能動的に情報を求めてネットを見ている。広告を見るためではない。やっかいなことに、お客様は広告を自然と無視する習慣を身につけている。本能的に広告を目に入れないのである。これを認識せずに広告原稿でアピールしても、誰もクリックしてくれない。

ただし、ネットのお客様を理解し、ネット広告が無視されることを前提に戦略的な広告原稿をプランニングすると、劇的にクリック率は上がる。

お客様の心理状況をよく理解すると、０・１％のクリック率を２倍の０・２％にすることや、４倍の０・４％にすることはそんなに難しくはない。今までとは比べものにならないほどのクリック率を稼ぐことができるのだ。

広告原稿テクニック 1

▼キャッチコピーその①

「特定のターゲットを狙ったコピー」にすると、クリック率は上がる！

まず、ネット広告においてクリック率に1番影響するのは、**キャッチコピー**である。見知らぬ人を一瞬で広告に注目させ、そこをクリックさせてサイトに引き込んでいくためには、お客様の心にグサッと深く突き刺さるキャッチコピーが必要である。

このキャッチコピーの優劣によって、クリック率になんと、時には**最大2〜3倍の差**が出てくる。そう、**キャッチコピーが1番重要**なのである。

なのに、多くの広告主はディスプレイ広告のデザインをいかにカッコよく見せるか、いかに目立たせられるかばかりに気をとられていて、**1番重要なキャッチコピーがないがしろにされている。**

では、クリック率の高いキャッチコピーとはどういうものか？

広告を無視しながら、情報のみを求めているネットのお客様にクリックしてもらうためには、ズバリ**「情報っぽく」キャッチコピーを書く**ことである。

お客様はネットを使って「面白い情報」や「悩みを解決する情報」や「欲求を満たす情報」を探している。そういう人たちに1番効果的なキャッチコピーは「情報っぽい」キャッチコピーである。

情報を求めている人たちだからこそ、求めている情報を提供するのである。

お客様が広告だとはあまり意識せず、媒体社のコンテンツと同化するキャッチコピーをつくることが重要なのだ。

ネット広告でクリック率が高いキャッチコピーは、**「特定のターゲットのみを狙ったキャッチコピー」**である。

「○○の方へ」「○○なあなたへ」と**〝対象とするターゲットが具体的に明記された募集広告のようなキャッチコピー〟**だ。

クリック率の高い「キャッチコピー」その①

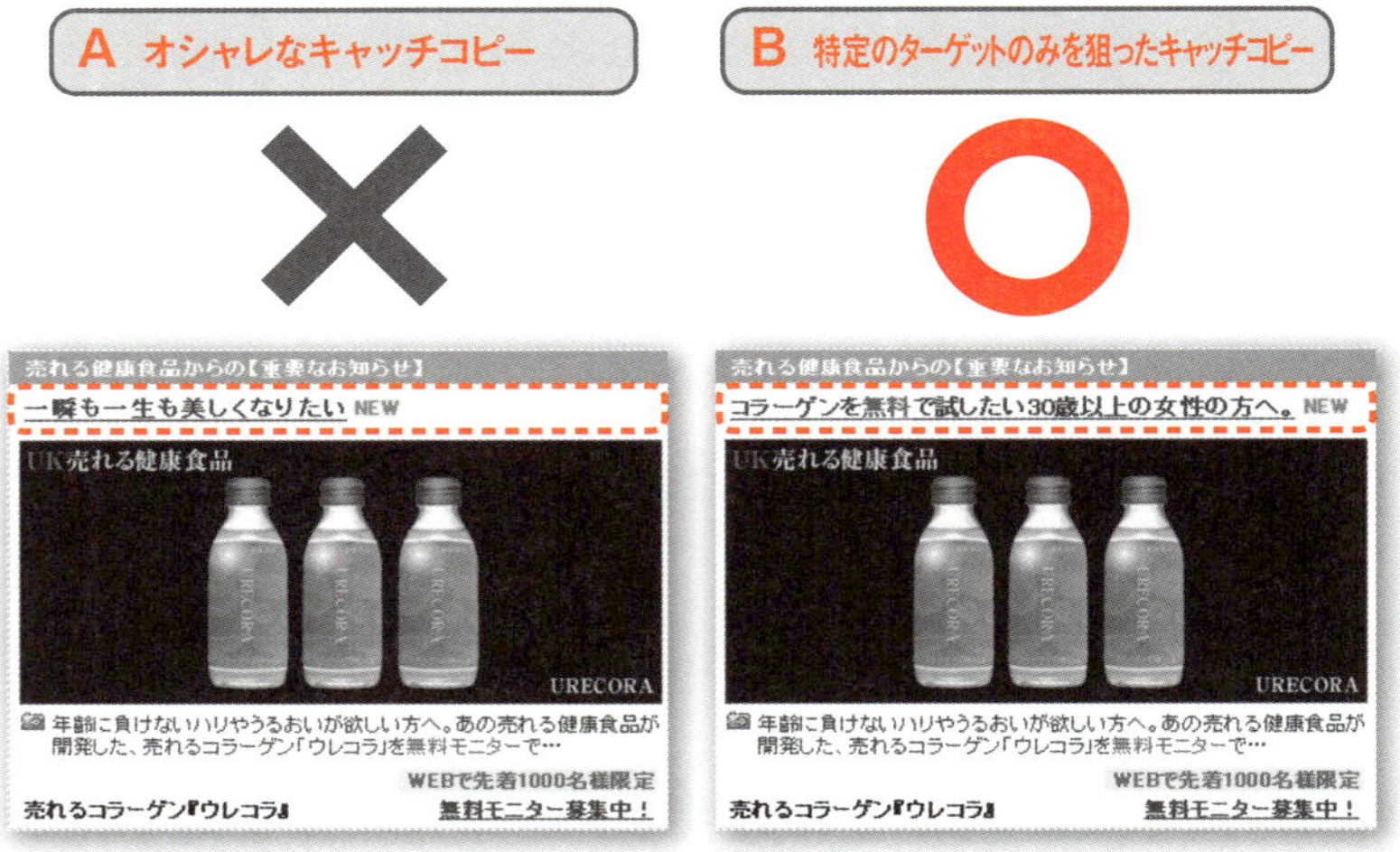

繰り返すが、ネットでは、あらゆる年齢層やあらゆる趣味趣向を持った人が、ピンポイントで自分のほしい情報を探している。

だからこそ、ネット読者がピンポイントで自分に向けられたメッセージだと感じれば、それは〝情報〟に変わる。その先にある答えが気になって、かなりの確率でクリックしてくれる。

こういうキャッチコピーは、オシャレではないし、万人受けするものでもない。

しかし、このようにターゲットが絞り込まれていればいるほど、これにマッチする人間がこの広告を見たら、「まるで自分のことを言われているような錯覚」に陥る。商品のお客様になりうる人は確実に注目してクリックしてくれるため、結果的にクリック率は上がる。

つまり、**ネット広告では関心のある人だけをサイトに引き寄せればいい**のだ。「商品のイメージをアピールする」キャッチコピーをつくる発想ではなく、**「テーマに興味のある人を募集する／呼びかける」という発想**でキャッチコピーをつくることで、劇的にクリック率は上がる。

さらに、このキャッチコピーの特徴は、**クリック後のコンバージョン（申込）率も同時に劇的に上がる**ことである。

キャッチコピーで具体的にターゲットを募集しているため、クリックしてサイトを訪れる人は商品の申込をしてくれる可能性も高くなる。クリック率もコンバージョン率も上がる、まさに**一石二鳥のテクニック**である。

広告原稿テクニック 2

▼キャッチコピーその②

「続きが気になるようジラしたコピー」にすると、クリック率は上がる!

もう1つネット広告でクリック率が高いキャッチコピーは、**「続きが気になるようジラしたキャッチコピー」**である。

ネットは、お客様が能動的に使う媒体だ。

あらゆる媒体のトップページを見てもらえばわかると思うが、編集コンテンツは「見出し」で構成されている。ネットのお客様は興味のある「見出し」をクリックして、そこから詳細記事（本文）を読む。当然ながら「見出し」だけでは内容はわからない。内容がわからないからこそクリックするのだ。

あえてキャッチコピーを見ただけではすべてはわからない〝謎かけ〟のようなコピーをつくり、情報を遮断することにより、その続きが気になって、かなりの確率でクリックしてくれる。

それが広告っぽくなく、**情報っぽいコピー**であればさらにクリック率は劇的に上がる。

クイズ番組等で「正解はＣＭの後で……」というジラすパターンがあるが、それと同じ心理状態なのである。

あくまでも広告は「呼び水」であり、そこで商品をアピールして意味が完結しては、誰もクリックしない。何らかのアプローチに惹かれた人たちをサイトに呼び込んだ後で、その商品に対するアプローチを行えばいいのである。

全部見せるより、**〝チラリズム〟に人の心は動かされる**のだ（笑）。

ただし、このパターンのキャッチコピーを使う場合は、リンク先のサイト（ＬＰ：ランディングページ）には必ずキャッチコピーの**〝受け〟となる〝答え＝情報〟**をしっかりと提供すべきである。

たとえば、「コラーゲンを選ぶ人が犯す３つの間違いとは？」というキャッチコピー（↓66ページ）を使う場合は、リンク先のサイトには、その答えである**「３つの間**

クリック率の高い「キャッチコピー」その②

A オシャレなキャッチコピー

×

B 続きが気になるようジラしたキャッチコピー

○

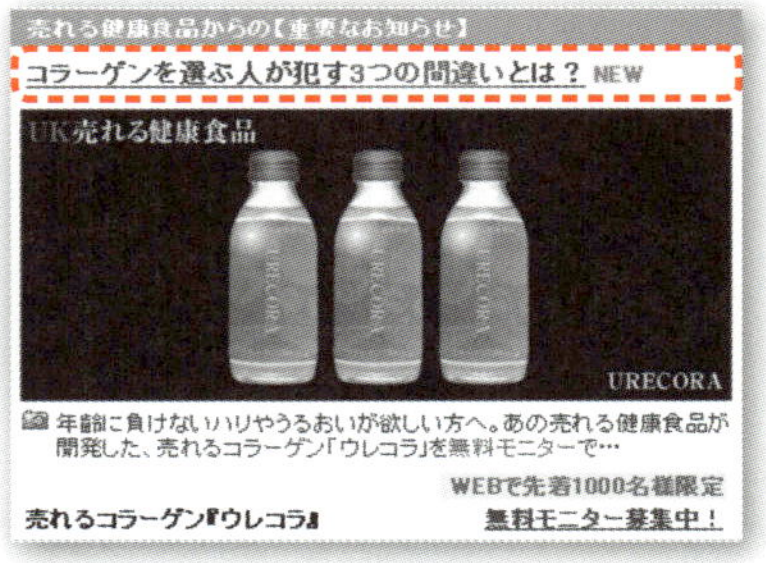

違いの説明」を載せるべきだ。

当然、その後に、「そこでオススメなのは……」と、その問題や欲求を解決する方法として、自社商品の提案につなげていくのである。

クリック率だけは、先ほどのキャッチコピーよりも、「続きが気になるようジラしたキャッチコピー」のほうが高い。

ただし、**コンバージョン率は「特定のターゲットのみを狙ったキャッチコピー」**のほうが高い。

あなたの会社や商品でも、どちらのキャッチコピーのほうが相性がよいかをぜひテストしてみよう。

広告原稿テクニック 3

▼写真

モデルやタレントよりもシンプルに「商品の写真」にすると、クリック率は上がる！

ネット広告において、キャッチコピーの次にクリック率に影響するのは、**写真**である。

この写真の優劣によって、クリック率になんと時には**最大１・５〜２倍の差**が出てくる。

ネット広告でクリック率が高い写真は**「商品の写真」**である。

キレイなモデルの女性やタレントを使うより、シンプルに商品の写真を広告原稿に載せたほうがレスポンスが高い！

正直、採用しているモデルやタレントの質や好感度によって多少の差はあるが、今まで何度もあらゆるクライアントで写真のＡ／Ｂテストをした結果、クリック率でも

クリック率の高い「写真」

A キレイなモデルやタレントの写真

B 商品の写真

それ以上にコンバージョン率でも、モデルやタレントの写真が商品写真に勝つことはなかった。

有名モデルやタレントを使えば目を引くかもしれないが、広告では**商品を売ることのみが目的**だ。

モデルやタレントの写真を使った広告原稿を使って、仮にクリックしてくれたとしても、それは商品に興味を持ってくれたわけではなく、単純にそのモデルやタレントに興味を持ってくれただけであり、商品の申込につながらない場合が多い。

さらに、特に女性にこの傾向があるのだ

が、女性はモデルやタレントの好き嫌いが激しい。嫌いなモデルやタレントが広告に出ていたら、絶対にクリックしない。せっかく商品がいいのに、モデルやタレントがマイナスに働いてしまうのだ。

多くの通販会社は有名モデルやタレントに数百万円、時には数千万円と高額なお金を払い、そのモデルやタレントの写真を広告に載せるが、ネット広告においてはそれが無駄金になる場合が多い。

ちなみに余談だが、ここ数年はソーシャルメディアが発達したせいか、プロのカメラマンが撮った写真より、**スマホから撮ったような素人っぽい写真**を使ったほうが、お客様が広告だと思わず、**情報っぽく見えることからクリック率は高くなる傾向**が出ている。

あと、**写真の背景の色は〝黒〟にすると、さらにクリック率が上がる傾向**がある。

広告原稿テクニック 4

▼デザイン

「媒体になじんだ広告原稿デザイン」にすると、クリック率は上がる！

ネット広告でクリック率が高いディスプレイ広告のデザインは、**「動きのないコンテンツ風のデザイン」**である。

数年前に「ディスプレイ広告（バナー広告）ブラインドネス」という業界用語が出てきた。

ネットのお客様がネット広告に慣れすぎた今、ディスプレイ広告を本能的に無視してしまう傾向が高いということだ。

何度も繰り返すが、お客様はネットを使って**情報**を求めている。

いかにも広告っぽい、宣伝くさいディスプレイ広告が無視されるのは当たり前である。

つまり現在のネットにおいては、派手にクルクル動きがあり、オシャレにイメージっぽくアピールする意図でデザインしたディスプレイ広告ほど無視されるという皮肉な傾向にある。

なのに、多くの通販会社はいまだにそれに気づかず、イメージ型の派手な動きのディスプレイ広告を掲出してお客様に無視され続けている。

だから、ディスプレイ広告のクリック率を大幅に上げる方法は、ズバリ**動きをなくし、キャッチコピーをメインにする**こと。

そして、なるべく出稿している**媒体のコンテンツとなじむディスプレイ広告をデザインする**ことである。つまり、情報っぽい、もっと言うと、**コンテンツ風の広告原稿**を制作することである。

動きがなく、キャッチコピーが立っており、媒体社のページとなじんでいれば、お客様は本能的に無視しなくなり、広告を見てくれる。また、動かないキャッチコピー、つまり、動かない文字は「広告だ」と思っても無視できない。無視するより先に内容

クリック率の高い広告原稿「デザイン」

A 動きのあるイメージ型のデザイン

×

B 動きのないコンテンツ風デザイン

○

が頭に飛び込んできてしまう。

※当然、媒体社によっては媒体コンテンツと類似したものは考査で拒否されるので、注意が必要である。

ただし、その場合でも、最低限**「動きを一切つけない」「キャッチコピーをしっかりと表記する」**ことだけは実行すべきである。

媒体となじむ情報っぽい“コンテンツ風”デザイン

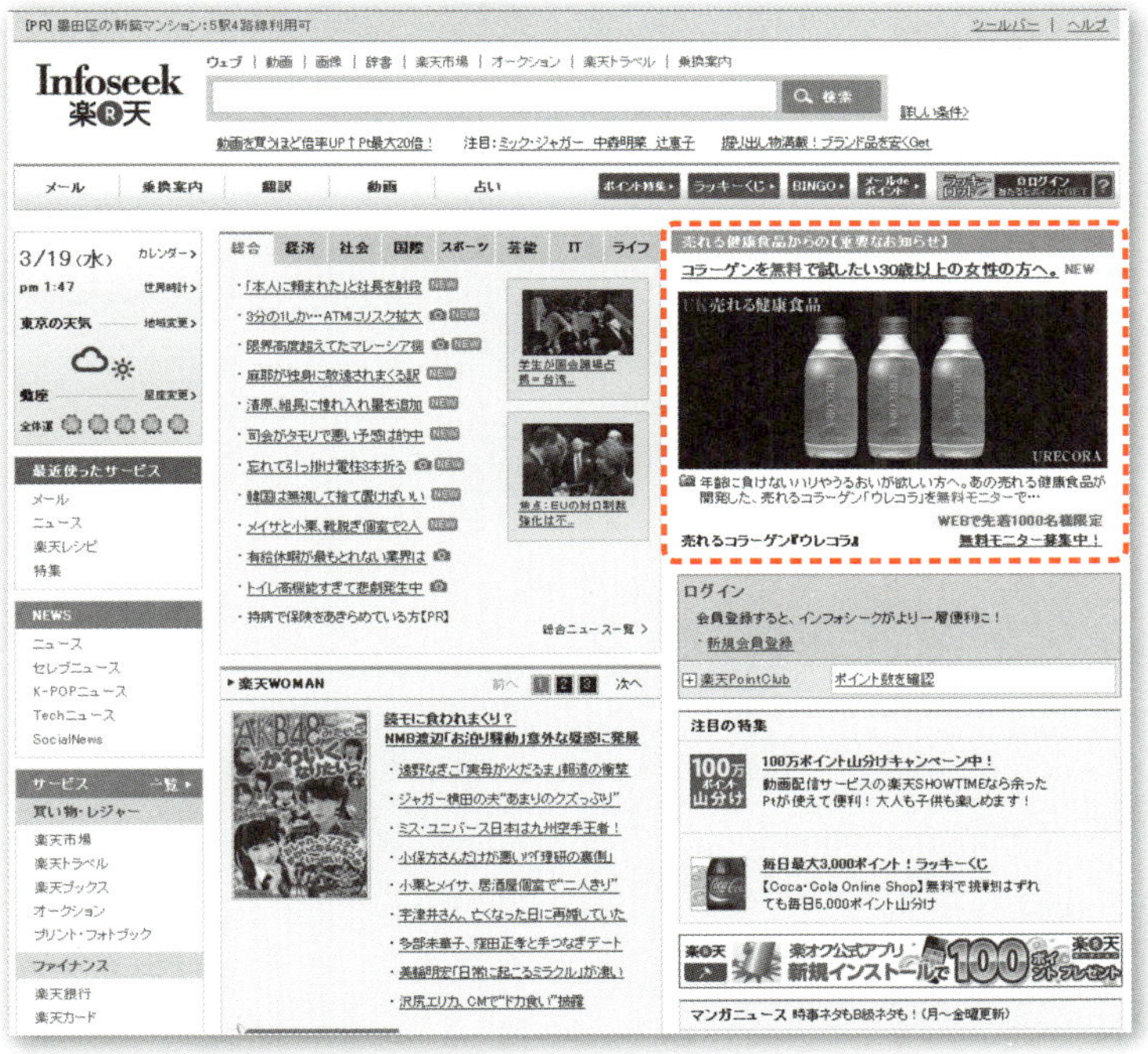

第3章

「コンバージョン率」を飛躍的に上げる方法

コンバージョン率がアップするポイント

たとえ多くの人が広告原稿をクリックしてサイトに訪れたとしても、コンバージョン（申込）をさせないとまったく意味がない。

コンバージョン率が低いということは、せっかくお客様を入店させたのに、何もアクションを起こさせずに帰らすようなものである。

一般的にお客様が広告をクリックしてサイトに訪れると、10秒以内で離脱するお客様、つまり、**わずか10秒で立ち去っているお客様は約90%**だと言われている。

１００人訪れても90人は一瞬にして去ってしまうということである。

最終的に申込完了までたどり着くのは、本商品の場合で1%以下、無料モニター（サンプル・お試し）の場合でもクリックした人の３%程度だと言われている。

つまり、ツーステップマーケティングであっても、コンバージョン率はわずか３%。

ただし、これもクリック率と同様、これだけ低いコンバージョン率であるため、改善の余地はいくらでもある。

まず、コンバージョン率を上げるための**１つ目のポイントは「つかみ」**である。

広告原稿をクリックしたお客様は**８秒以内**にそのサイトを読むか読まないかを判断する。

そのため、コンバージョン率を上げるためには瞬間的に「このサイトはお客様の求めていたサイトですよ」ということがわかるようにして、お客様を逃がさないことである。

２つ目のポイントは「流れ」である。

広告原稿をクリックしたお客様に、情報を提供して問題に気づかせる。商品の提案を読ませ、商品への想いを読ませ、お客様の声を読ませ、オファーを読ませ、最後まで迷わせない。これがサイトに必要なストーリーである。

当然ゴールは申込であるため、最後に申込フォームをガツンと入力させることが何よりも重要であることは言うまでもない。

ネットのお客様を理解し、「つかみ」と「流れ」をベースに戦略的なサイトに誘導すると、劇的にコンバージョン率は上がる。

お客様の心理状況をよく理解すると、3%のコンバージョン率を2倍の6%にすること、4倍の12%にすることはそんなに難しくはない。今までとは比べものにならないほどのコンバージョン率を稼ぐことができるのだ。

絶対やってはいけない！
ネット広告から「本サイト（ECサイト）」への誘導

まず、ネット広告をやる場合、**絶対にやってはいけないことは、広告から「本サイト（ECサイト）」に誘導することである。これが最悪中の最悪**である。

いまだにネット広告から「本サイト」のトップページに誘導している通販会社があるが、これではお客様が特定の商品を求めて広告をクリックしたのにもかかわらず、到達したページでその商品を探さなくてはならなくなるのでご法度。最悪のパターンで、これではコンバージョンはほぼゼロだ。

また、ちょっと進んだ通販会社の多くは、ネット広告から「本サイト」の商品ページに誘導している。

トップページへ誘導するよりはマシだが、それでもコンバージョン率はイマイチだ。

最悪のコンバージョン率……

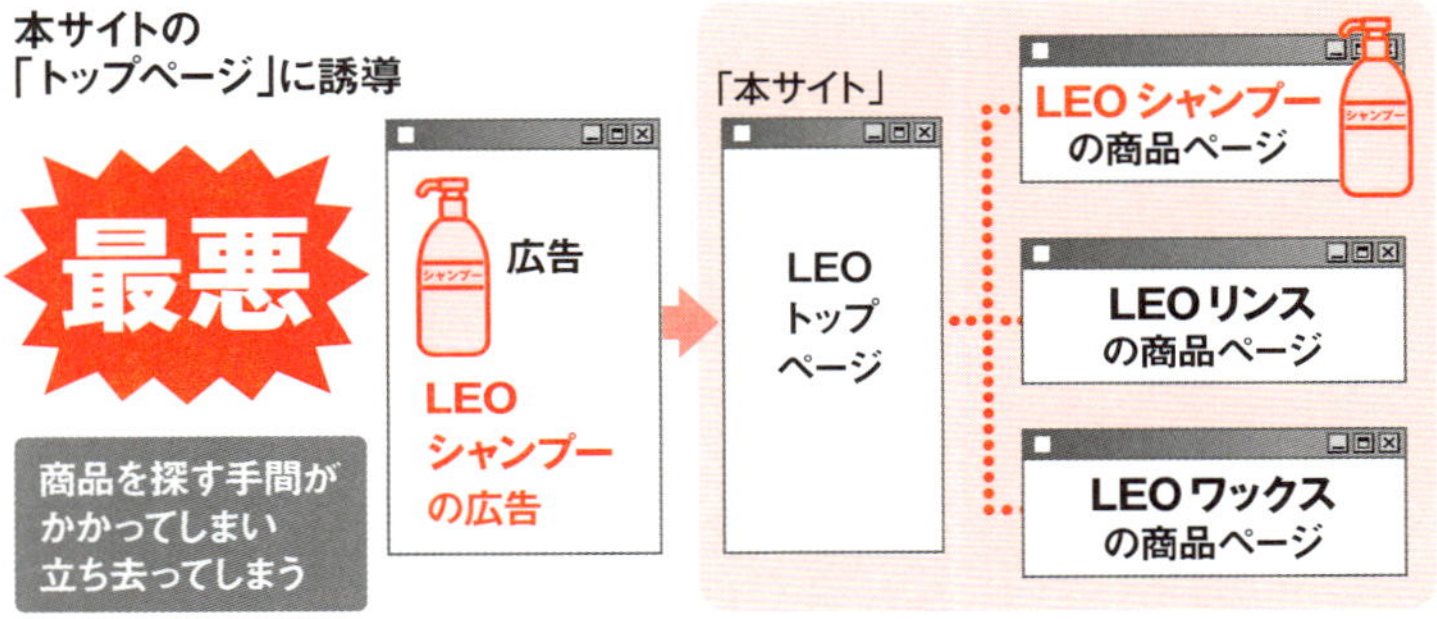
本サイトの
「トップページ」に誘導
最悪
商品を探す手間が
かかってしまい
立ち去ってしまう
広告
LEO
シャンプー
の広告
「本サイト」
LEO
トップ
ページ
LEO シャンプー
の商品ページ
LEO リンス
の商品ページ
LEO ワックス
の商品ページ

本サイトの商品ページではほとんどの場合、ナビゲーションで他の商品も羅列されている。「あわよくば他の商品も買ってくれる」と思われるかもしれない。

だが、商品Aでネット広告を打った場合、ズバリ99％のお客様はその商品Aしか買わない。商品Bや商品Cを買うことはまずない。

むしろ、他のページに遷移が可能となっていることがコンバージョン率低下につながってしまうのだ。選択肢が多いほど、お客様は迷ってしまう。

そもそも「本サイト」というものは、SEO（Search Engine Optimization：検索エンジン最適化）対策やリピーターなどを意識したサイトに

イマイチなコンバージョン率……

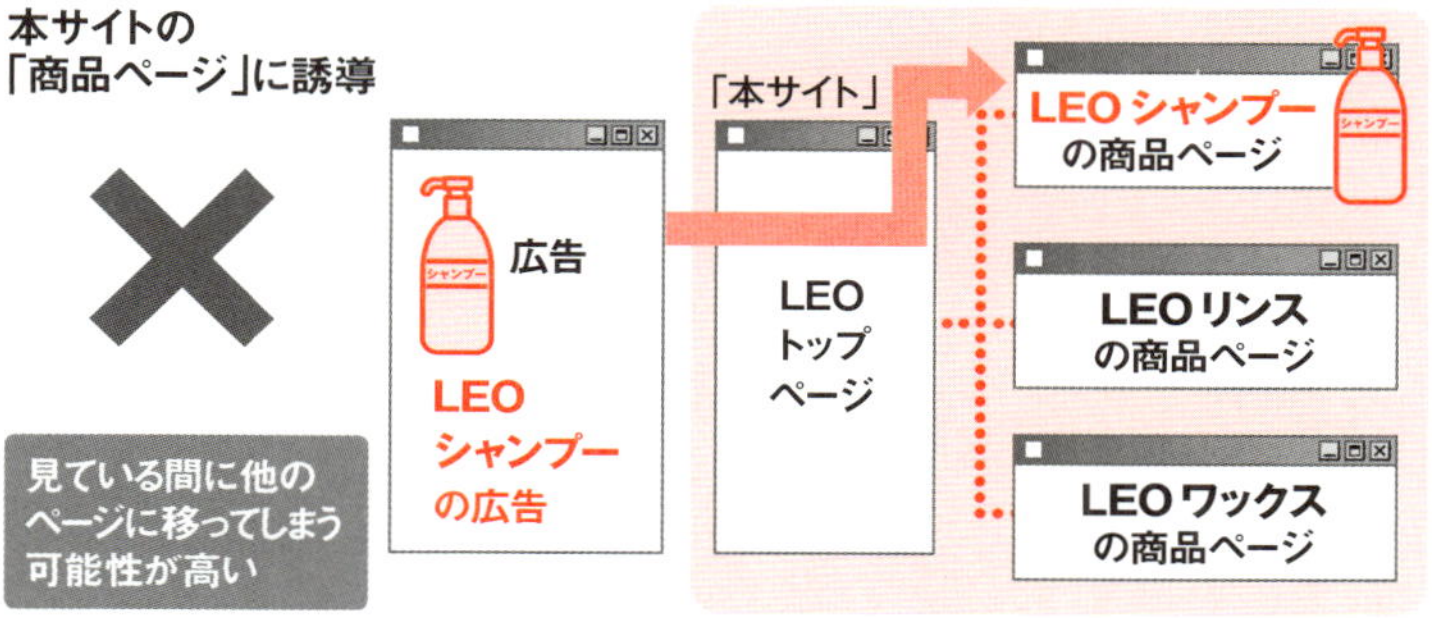
本サイトの
「商品ページ」に誘導
見ている間に他の
ページに移ってしまう
可能性が高い
広告
シャンプー
LEO
シャンプー
の広告
「本サイト」
LEO
トップ
ページ
LEO シャンプー
の商品ページ
シャンプー
LEO リンス
の商品ページ
LEO ワックス
の商品ページ

なっており、ほとんどの場合、「カタログ型」になっている。

商品名があって、商品画像があって、淡々と商品説明があって、カートボタンがあるだけ……**ネット広告から瞬発的に誘導されたお客様は、こんなサイトから絶対に申込をしない**のだ。

邪魔なのは他の商品の羅列だけではない。

本サイトには、会社概要、社長の挨拶、採用情報、ＩＲ情報など、商品を買おうとしているお客様にとっては、どうでもいい情報があったりする。

オフラインの世界でも、カタログの商品説明ページをそのまま広告にするバカはいないだろう。

重要

ネット広告から「広告専用ランディングページ」へ誘導すると、コンバージョン率は劇的に上がる！

大原則として、ネット広告から誘導するサイトは、「本サイト」ではなく、**必ず商品ごとに完全に独立した「広告専用ランディングページ」にすべき**だ。

重要なので再度言う。

大原則として、ネット広告から誘導するサイトは、「本サイト」ではなく、必ず商品ごとに完全に独立した**「広告専用ランディングページ」**にすべきである。

たとえば、商品Aでネット広告を打ったら、その誘導先（リンク先）の「広告専用ランディングページ」では、商品Aしか申し込めないページにする。

選択肢を与えずに、必要最低限のコアな情報を提供し、**その１つの商品を売ることのみに集中したページ**を制作することだ。

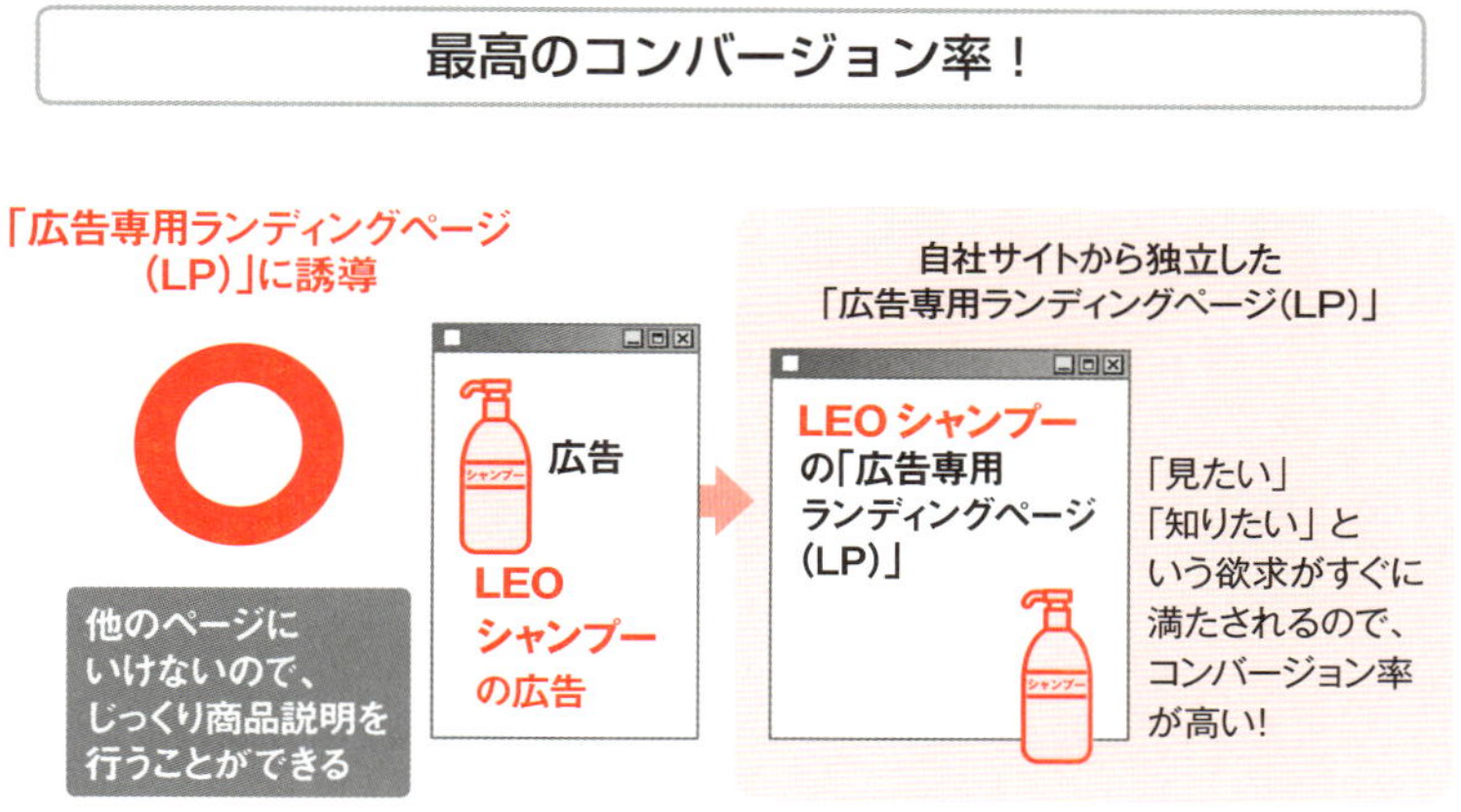
最高のコンバージョン率！
「広告専用ランディングページ（LP）」に誘導
他のページにいけないので、じっくり商品説明を行うことができる
広告
LEO シャンプーの広告
自社サイトから独立した「広告専用ランディングページ（LP）」
LEO シャンプーの「広告専用ランディングページ（LP）」
「見たい」「知りたい」という欲求がすぐに満たされるので、コンバージョン率が高い！

「広告専用ランディングページ」では、普通の「本サイト」とは違い、**〝瞬発力と勢いで申し込ませる構成〟**が必要だ。

売るためにお客様を説得する**攻めのセールスレター型のページ構成**になっている必要がある。

当然、そのランディングページからは、**他の商品ページに一切飛べないような形にしておく**ことが重要である。

「本サイト」がカタログだとしたら、「広告専用ランディングページ」はチラシみたいなもの。「広告専用ランディングページ」でネット広告からのコンバージョン率をどんどん上げていこう。

ランディングページを制作すると、コンバージ

コンバージョン率が最高に高いネット広告からの「誘導先」

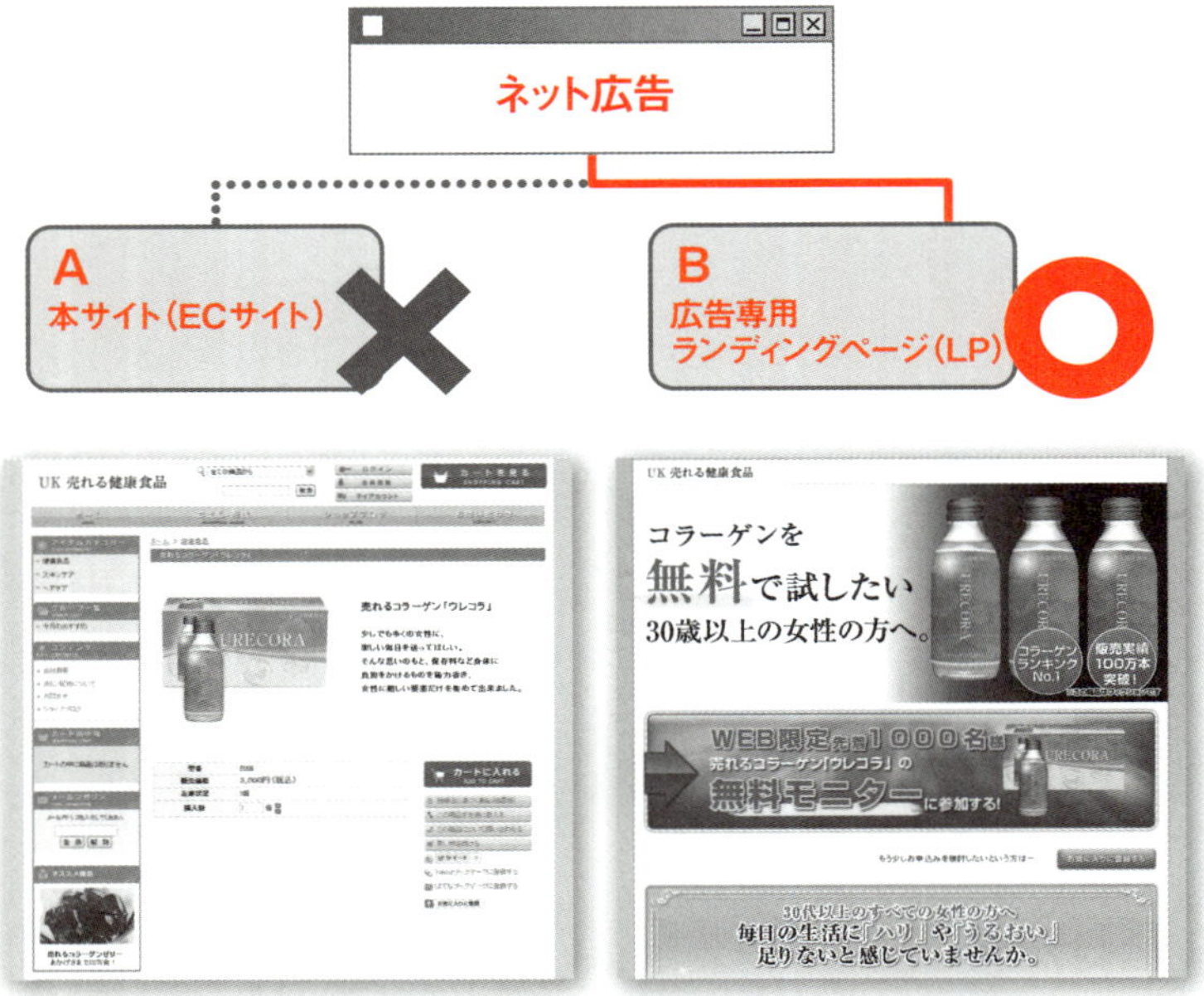
ネット広告
A
本サイト（ECサイト）
B
広告専用
ランディングページ（LP）
UK 売れる健康食品
売れるコラーゲン「ウレコラ」
カートに入れる
コラーゲンを
無料で試したい
30歳以上の女性の方へ。
WEB限定先着1000名様
売れるコラーゲン「ウレコラ」の
無料モニターに参加する!
30代以上のすべての女性の方へ
毎日の生活に「ハリ」や「うるおい」
足りないと感じていませんか。

ョン率が劇的に上がる。

どれくらい上がるかというと、今までの経験則上、「本サイト」の商品ページに比べて、**「広告専用ランディングページ」は約1・9〜3・2倍、コンバージョン率が上がる。**

ということで……、これ以降は「サイト」という言葉は使わずに、「ランディングページ」という言葉を使うことにしよう。

コンバージョン率が上がる10の基本テクニック！
〝カンニングシート〟はこれだ

私は、この15年間であらゆる大手通販企業（広告主）から**累計２００億円以上の広告費**をお預かりして、何百回ものＡ／Ｂテスト（スプリットランテスト）を繰り返し、ランディングページを「最適化」してきた。

その中で、ランディングページのコンバージョン率を上げるいくつものテクニックを発見してきた。

今回はそのランディングページの**コンバージョン率を上げるための基本的な10のテクニック**を公開しよう。仮説は一切なし！　すべてはテストによりレスポンスアップが実証されたテクニックばかりだ。

コンバージョン率の高いランディングページ（ＬＰ）の〝カンニングシート〟と言える。

LPテクニック 1

ファーストビューに、「キャッチコピー・写真・申込アイコン」を必ず入れる

過去のA／Bテストの結果、コンバージョン率が高いランディングページのファーストビューのレイアウトは、**「キャッチコピー・写真・申込アイコン」**である。

お客様がネット広告をクリックして、最初にPC／スマートフォン／ガラケー画面で見る部分、つまりランディングページのファーストビューにはシンプルに**「キャッチコピー」と「写真」と「申込アイコン」の3つの要素**を入れるべきだ。

最近はランディングページで、オシャレで自由でオリジナルなレイアウトのファーストビューをつくる通販会社もある。

だが、私が今まで何百回とテストをした結果、新聞やチラシの時代からダイレクトマーケティングクリエイティブの王道と言われてきた「キャッチコピー」と「写真」

左に「キャッチコピー」、右に「写真」、下に「申込アイコン」

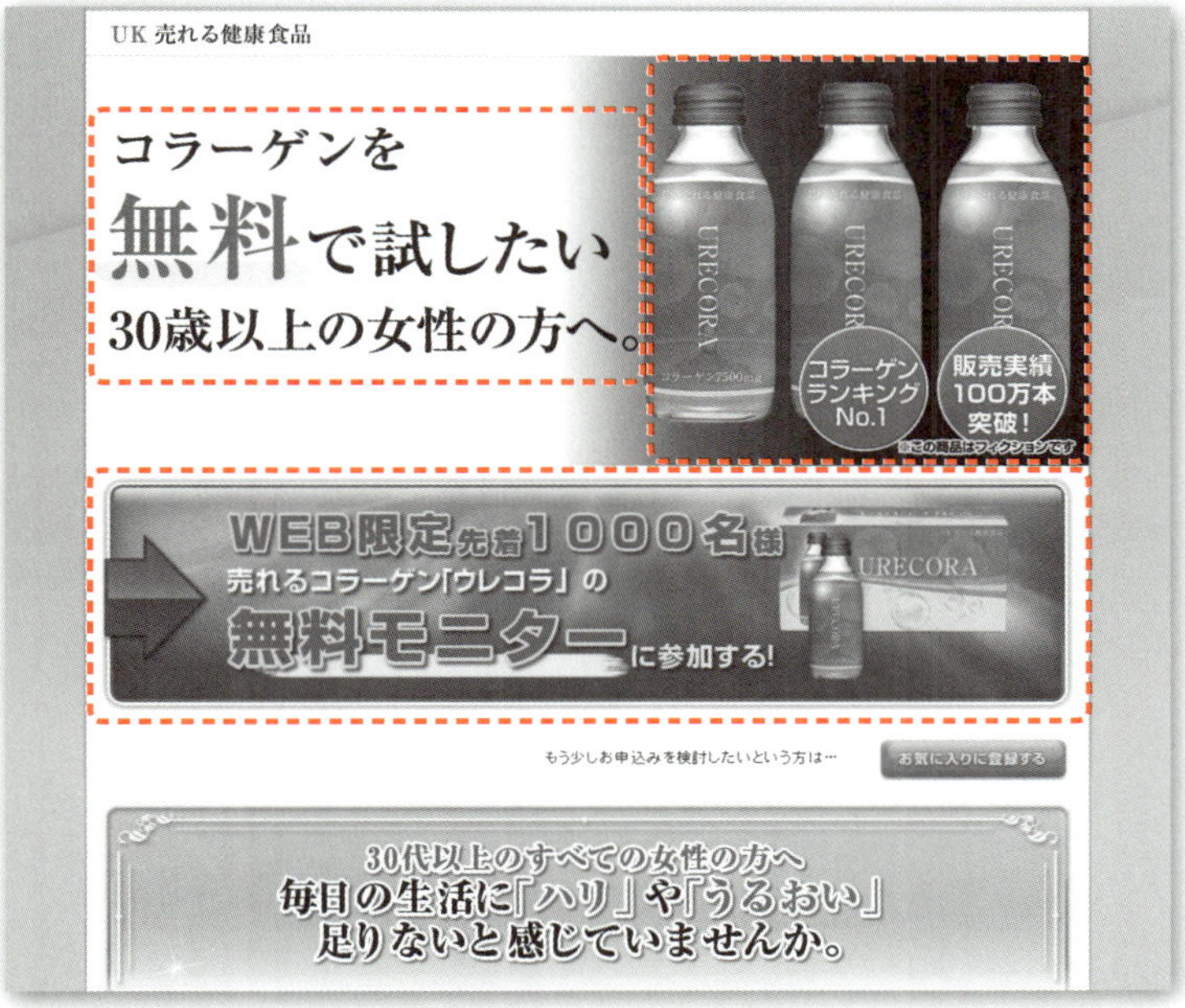

と「申込アイコン」の3要素を単純にファーストビューにレイアウトするほうが、結局、1番コンバージョン率が高いことが判明した。

上図のように、**「キャッチコピー」は左側、「写真」は右側、「申込アイコン」はその下にドーンと大きく入れよう。**

LP
テクニック
2

広告原稿とランディングページの「キャッチコピー・写真」を連動させる

いくらよい広告原稿をつくって、高いクリック率を出しても、そこから誘導するランディングページのことをしっかりと考える必要がある。

そこで、**広告原稿（ディスプレイ広告）とランディングページを連動**させること。

過去のA／Bテストの結果、たとえば広告原稿（ディスプレイ広告）に特定のキャッチコピーと写真を入れた場合、**必ずリンク先のランディングページでもまったく同じキャッチコピーと写真を使用すると、コンバージョン率は上がる。**

お客様は広告をクリックして、その先のランディングページが違う内容だったら、すぐに去ってしまう。

なのに、多くの通販会社は広告原稿とランディングページの制作会社が違うからなのか、何も考えていないからなのか、なぜか広告原稿とランディングページの内容も

コンバージョン率の高い広告原稿とランディングページの「組合せ」

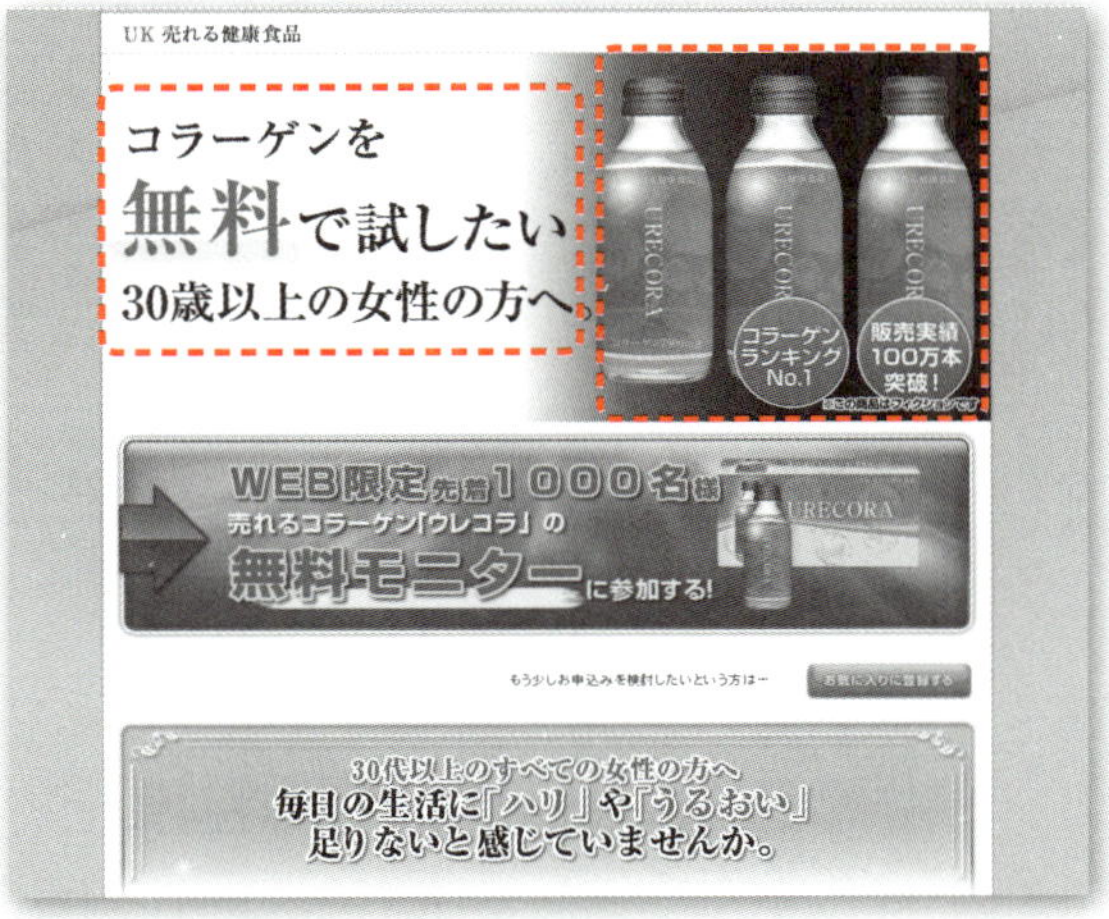

トーン＆マナーもバラバラのことが多い。これだとお客様を不安にさせるだけだ。

逆に、広告原稿にあったキャッチコピーや写真がランディングページにあると、**お客様は安心してそのランディングページを読もうとする。**とにかく広告原稿を読んで**熱の高まったお客様を、見当違いのコンテンツで冷めさせない**ことが重要である。

もっと言うと、キャッチコピーや写真だけではなく、ボディコピー（本文）もキャッチコピーごとに合わせて若干調整するほうが効果的と言える。

つまり、複数のキャッチコピーや写真で広告原稿を作成した場合、その広告原稿と同じ種類（数）だけキャッチコピーと写真を差し替えた（連動させた）ランディングページを**複数作成する必要**があるのだ。

LPテクニック 3

申込アイコンの色は「緑」にし、〝プルンプルン〟とエロい動きをつける

多くの通販会社は申込アイコンの重要性を軽視しがちだが、申込アイコンに進ませて（押させて）こそ、初めてお客様はコンバージョンをするのだ。

過去のA／Bテストの結果、コンバージョン率が高かったランディングページの申込アイコンの色は**「緑色」**なのだ。

多くの通販会社は「赤色」が目立つ色だと考え、申込アイコンを「赤色」にしている。たしかに「赤色」は目立つ色だし、私も昔は「やっぱ赤でしょ！」と思っていた。ただし、これも今まであらゆる通販会社で、あらゆるアイコンの色をテストしてきた。

「赤色アイコン」VS「黄色アイコン」VS「緑色アイコン」VS「青色アイコン」VS「紫色アイコン」など、あらゆるアイコンの色テストをしてきた。

その結果、毎回**「緑色のアイコン」**が勝ってきたのだ。

たしかに、赤色は注目させる色ではあるが、**申込アイコンというのは進ませる（押させる）もの**である。

よく考えると、世界中どこに行っても、「信号機」はまったく同じ色。赤色は止まれ、緑色は進め、なのだ。

※ちなみにFirefoxが行った世界規模の調査でも、「緑色」のアイコンが1番レスポンスの高い結果が出ているという。

さらに、申込アイコンに**「動き」をつけたら、よりコンバージョン率が上がる。**

だから、**ランディングページの申込アイコンはおもいっきり自己主張させるべき**である。

具体的には、**Flashで申込アイコンをプルンプルンと動かせば、コンバージョン率は上がる！**

しかも、**その動きがエロければエロいほど、コンバージョン率は上がるのだ（笑↑でも本当だ）。**

コンバージョン率の高い申込アイコンは「緑」＋“プルンプルン”

加えて、お客様が申込アイコンをマウスオーバー（カーソルを合わせた画像やファイルがリンクであることを知らせる視覚効果）した際は、音が鳴り、申込アイコンが拡大するなどの処理をすると、さらにコンバージョン率は上がる。

申込アイコンの色や動き1つだけでレスポンスが変化するところが、ダイレクトマーケティングの面白さである。

LP
テクニック
4

ランディングページのオファー名称は、必ず「モニター」にする

過去のA／Bテストの結果、コンバージョン率が高かったランディングページのオファー名称は**「モニター」**だった。

たとえば、ツーステップマーケティングの場合、あらゆる通販会社がオファーに対してあらゆる名称を使う。

会社によっては「サンプル」だったり、会社によっては「お試し」だったり、会社によっては「トライアル」だったり、会社によってオファーの呼び名が違う。

これも今まであらゆる通販会社で、あらゆる名称のテストをしてきたが、ここでランキングを発表しよう。

まず1番コンバージョン率が低い名称（ビリの名称）は、実は**「サンプル」**。「サンプル」という名称よりコンバージョン率が高いのが**「トライアル」**。

コンバージョン率の高いランディングページの「オファー名称」

「トライアル」という名称よりもコンバージョン率が高いのが**「お試し」**。「お試し」という名称よりもコンバージョン率が高い、**最高の名称が「モニター」**である！

ちなみにランキングで最低だった「サンプル」という名称に比べて、ランキングで最高の「モニター」にするだけで**コンバージョン率が約２倍前後上がった。**

しかも、それだけではな

い。なんとその後の**「引上率・リピート率」も約1・5倍上がった**のだ。

読者にはマーケターの方も多いと思うので、肌感覚でなんとなくわかると思う。

たとえば、「サンプル」と言ったら、その辺の試供品みたいなチープなイメージがあるが、「モニター」だったらどうだろう?

特に女性だったら、「私、モニター会員よ~♪」という感覚になるので、その後の引上率・リピート率も上がるのは当然の結果なのだ。

まさに言葉のマジックである。

これまた**名称1つ変えただけでレスポンスが変化する**ところが、ダイレクトマーケティングの面白さである。

LP テクニック 5

ランディングページに「お気に入りに登録する」ボタンを設置する

過去のＡ／Ｂテストの結果、コンバージョン率が高かったランディングページは、**「お気に入りに登録する」ボタンがついていた。**

たとえば、ツーステップの「無料モニター」などの場合は、その場で申し込むお客様は比較的多いが、本商品などでお金を払う場合、お客様はすぐに申し込まない。商品価格が高くなればなるほど、いろんなサイトで比較検討する。

比較検討した結果、たとえその商品がほしいと思っても、お得なオファーや特典が入っているランディングページに戻ることができず、申込を断念する場合もある。

そこで、**「お気に入りに登録する」ボタンを設置しておくと、お客様を再度ランディングページに戻りやすくさせることができる**ため、コンバージョン率が上がる。

「お気に入りに登録する」ボタンを必ず設ける

LP
テクニック
6

ランディングページの見出しに、「インパクトのある言葉」を入れる

基本的にランディングページの基本構成はセールスレターである。

「見出し↓本文・写真↓見出し↓本文・写真↓見出し↓本文・写真……」と続いていく。

ただし、お客様の多くは、最初は「見出し」しか読んでいないと言っても過言ではない。

見出しを読んで興味を持ったら初めて本文を読むので、「見出し」のインパクトがとても大事になる。見出しでは、**インパクトのある言葉**を入れると、コンバージョン率が上がる。

あと、写真の下には**〝キャプション〟**を入れたらレスポンスが上がる。

雑誌編集者たちは、**読者は記事の本文を読むよりも、写真下のキャプションのほうを読む**ことを知っている。

インパクトのある見出しと写真下のキャプション

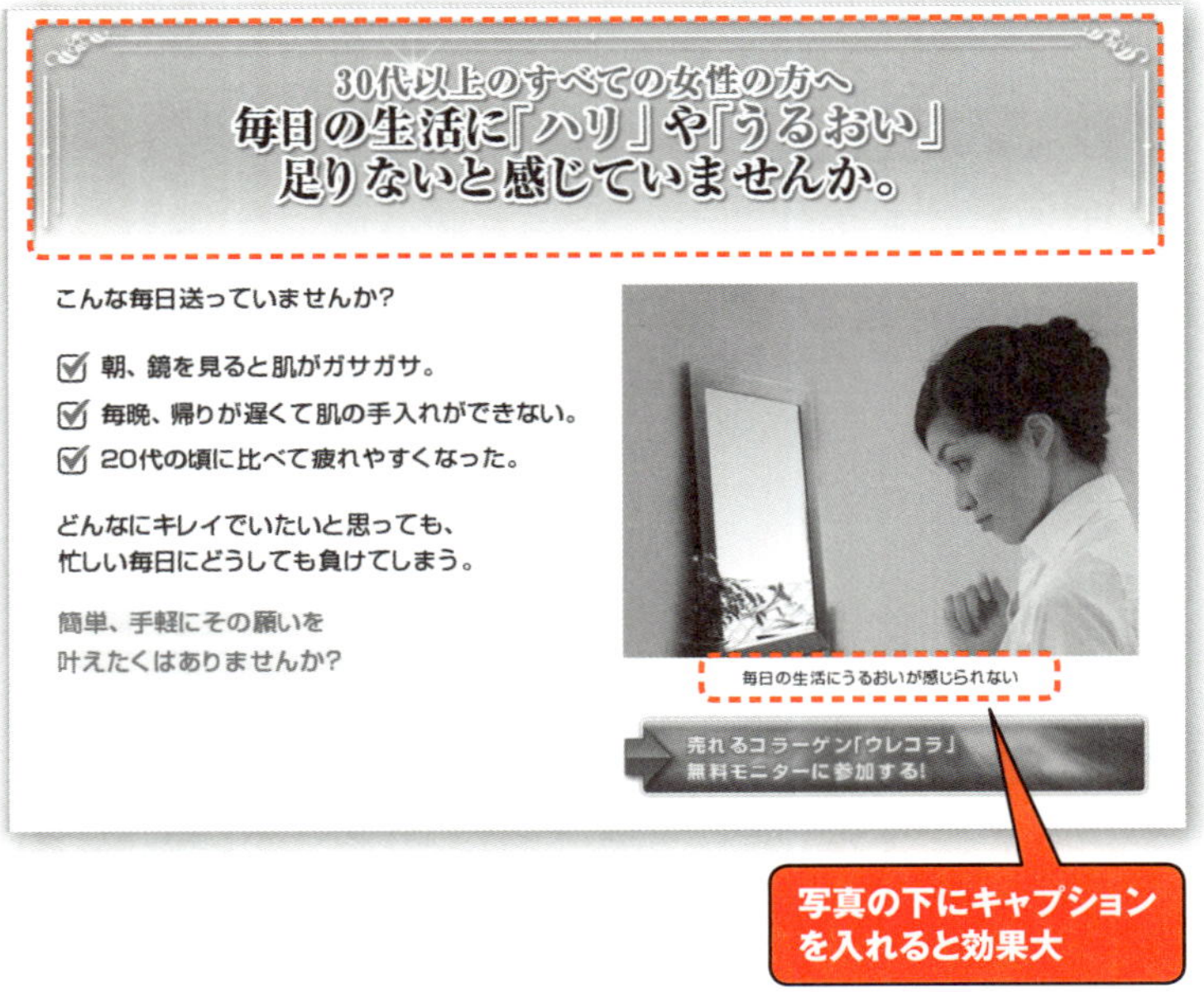

30代以上のすべての女性の方へ
毎日の生活に「ハリ」や「うるおい」
足りないと感じていませんか。
こんな毎日送っていませんか？
朝、鏡を見ると肌がガサガサ。
毎晩、帰りが遅くて肌の手入れができない。
20代の頃に比べて疲れやすくなった。
どんなにキレイでいたいと思っても、
忙しい毎日にどうしても負けてしまう。
簡単、手軽にその願いを
叶えたくはありませんか？
毎日の生活にうるおいが感じられない
売れるコラーゲン「ウレコラ」
無料モニターに参加する！
写真の下にキャプションを入れると効果大

LPテクニック7

シナリオは、1に「情報」、2に「商品提案」の流れ

ランディングページでは、最初からいきなり商品をコテコテにアピールすることは避けたほうがいい。

情報を求めているネットのお客様にいきなり商品のセールスをすると、数秒もたたないうちに逃げ出してしまう。

ネットの特性からコンバージョン率を劇的に上げる王道のシナリオテクニックは、**「まず問題提起の情報でひっかけて、途中から商品へ落としていく」**ことである。

ちょっとイヤラシイ言い方をすると（笑）、**「①不安感を増大させる情報を提供→②解決策として商品を提示する」**パターンが昔から通販業界でコンバージョン率を上げるための王道のテクニックである。

お客様はネットを使って「面白い情報」や「悩みを解決する情報」や「欲求を満た

「不安感」→「解決策」の“シナリオ”

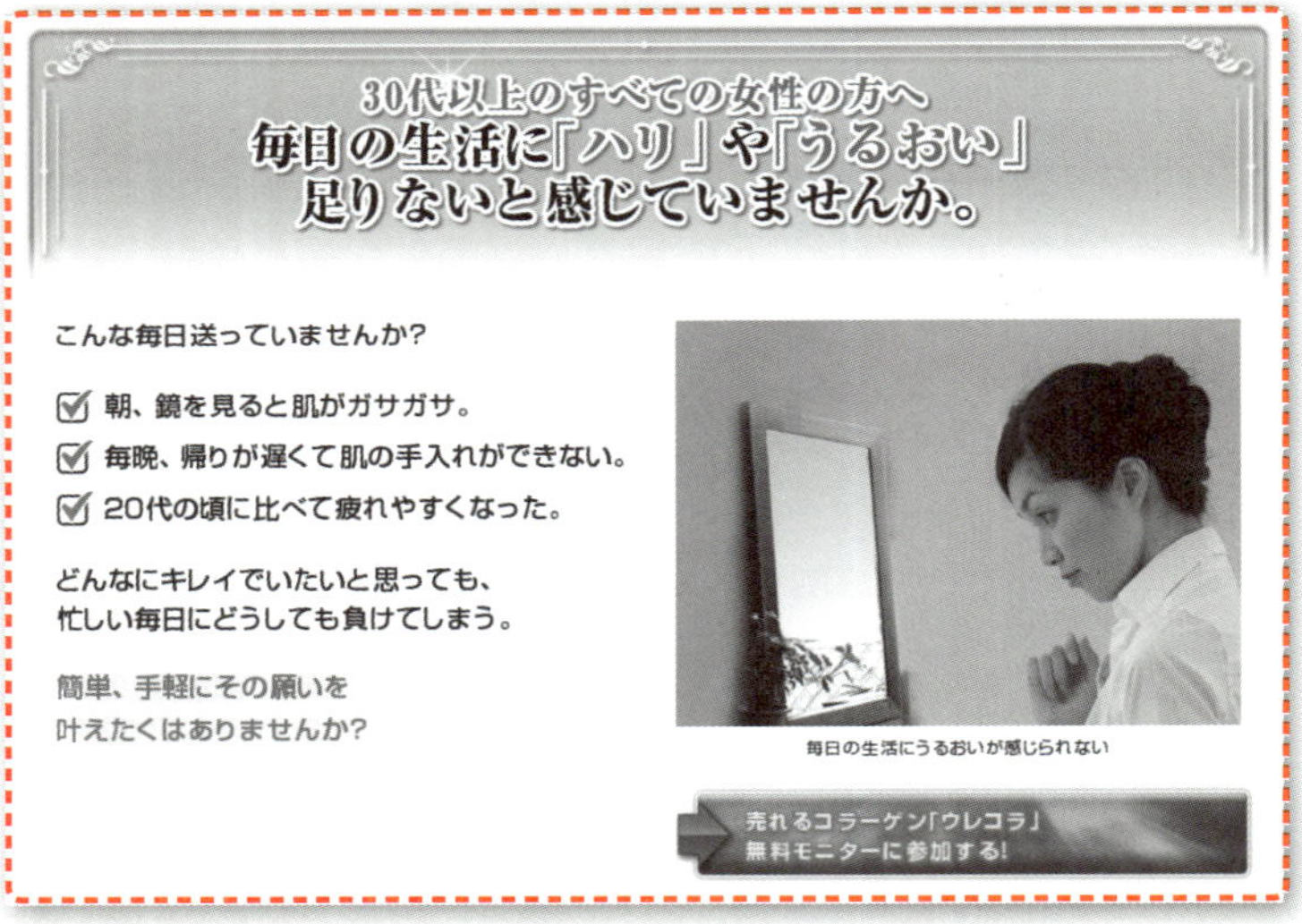
30代以上のすべての女性の方へ
毎日の生活に「ハリ」や「うるおい」
足りないと感じていませんか。
こんな毎日送っていませんか？
朝、鏡を見ると肌がガサガサ。
毎晩、帰りが遅くて肌の手入れができない。
20代の頃に比べて疲れやすくなった。
どんなにキレイでいたいと思っても、
忙しい毎日にどうしても負けてしまう。
簡単、手軽にその願いを
叶えたくはありませんか？
毎日の生活にうるおいが感じられない
売れるコラーゲン「ウレコラ」
無料モニターに参加する！

す情報」を探している。

情報を求めている人たちに対してだからこそ、お客様自身の問題や欲求に気づかせ、その問題や欲求を解決する方法として「自社の商品を提案」すると、お客様は自然と申し込みたくなり、コンバージョン率が上がる。

つまり、コンバージョン率を上げるには、商品の売込は途中からさりげなくしたほうが効果的なのである。

読んでいくうちについほしくなるシナリオ設計をすると、コンバージョン率は必ず上がる。

LP
テクニック
8

すべての文字は「画像文字」で見せる

ランディングページでは、テキスト文字ではなく、**必ずすべての文字を〝画像文字〟**にしよう。

ランディングページは、ネット広告から誘導する専用のページなので、ＳＥＯは関係ない。

とにかくお客様に読みやすくするのである。

今のネットのお客様は、特に広告から誘導されたページを一語一句〝読まない〟。

今のネットのお客様は、読むというより**〝見る〟**のだ。

当然、強調したい言葉や文章は、**赤文字に黄色背景のマーカー**を入れよう。

極端な話、**見出しと写真下のキャプションと赤文字・黄色背景の部分をお客様が見ていけば（流し読みしていけば）、伝えたいことが伝わるようにするぐらいの気持ち**で。

一瞬で伝えたいところが飛び込んでくる「文字タイプ」

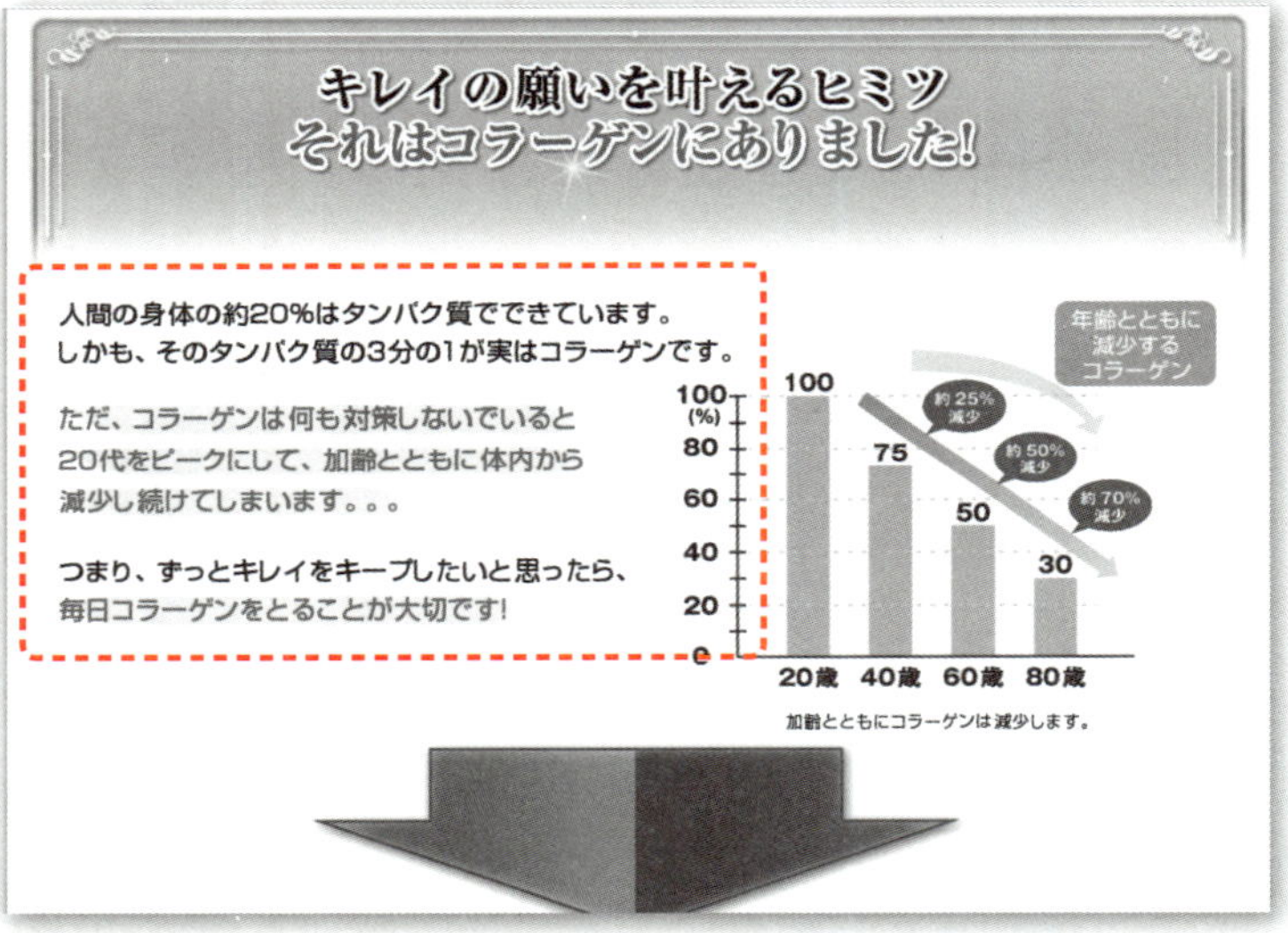

LPテクニック 9

「お客様の声」には、「写真・本名・年齢・地域」を手書きで！

ランディングページに**「お客様の声」は必ず入れるべき**である。

「お客様の声」があると、購入を検討している人は自分以外の人がすでに使っていることに対して安心する。

特に、日本人は「みんなが使っているもの」が好きなので、多くのお客様に支持されている商品を好む。つまり、通販会社側（販売側）が「あーだ、こーだ」と１００回言うよりも、**購入したお客様のひと言**のほうが効果があったりするのだ。

ただし、「お客様の声」は通販の世界ではサクラが多いのも事実。

単純なイニシャルでデジタル文字の「お客様の声」だと、いかにもニセモノととられかねない。だから、「お客様の声」には必ず**「写真・本名・年齢・地域」**を入れるべきである。あと、「お客様の声」が**手書き**であればなおいい。**ここまで入れて初めて信用される**わけである。

「写真＋本名＋年齢＋地域」と手書きで掲載

コラーゲンなんてどれも同じと思っていましたが
「ウレコラ」を使うようになってから、
意識ががらっと変わりました。
飲みやすいので、毎日おやつがわりに
のんでいたら1ヵ月もしないうちに
肌に透明感を感じるように！
福岡県　亀谷 聖子
※効果、効能には個人差があります。
32歳
今まで飲んでいたコラーゲンは、
臭いがダメだったり、飲みにくかったり
したのですが、「ウレコラ」を利用し始めてからは
全くなくなりました。
ほのかに香るフルーツの香りも
リラックスさせてくれますし、
毎日鏡を見るのが本当に楽しみです。

LP
テクニック
10

申込フォーム手前には「追伸」で最後のひと押しを

お客様がランディングページで離脱するポイントはどこか？

それは**申込フォームの手前**である。

だから、最後に**申込フォームの手前で「追伸」**を入れると、コンバージョン率が上がる。

追伸では、**購入を検討している読み手の背中を押すような内容を書く**のである（→108ページ）。

具体的には、**「購買意欲を喚起するような」「緊急性や限定を打ち出すような」「オファーや特典や保証を強調するような」最後のひと押し**をここでするのだ。

申込フォームの手前の追伸は、**意外なことにキャッチコピーの次に読まれる部分でもある。**

申込フォーム手前で“追伸”を入れる「ひと押し」

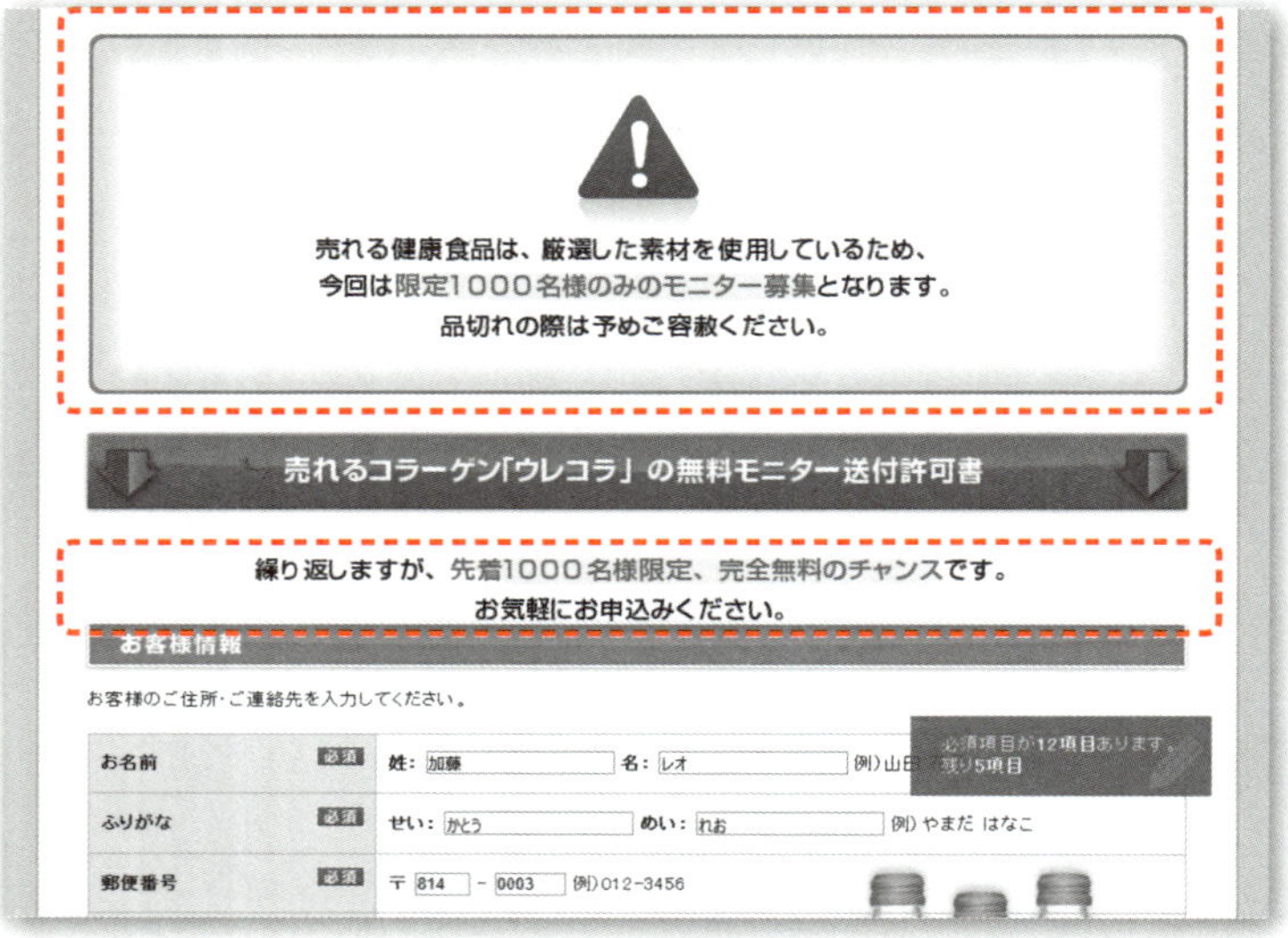

最後に繰り返すが、ここで触れた**“10のテクニック”に仮説は一切なし！**

すべてはテストによりレスポンスアップが実証されたテクニックだ。

「10のテクニック」を使うと、コンバージョン率は向上するので、すぐに実行してほしい。

重要

▼コンバージョン率を上げる最強の施策

ランディングページを〝申込フォーム一体型〟にして、遷移を短くすると、最高にコンバージョン率が上がる！

最近は多くの通販会社がネット広告をやる際に「ランディングページ」を制作しているが、**90％以上の通販会社が大きな間違いを犯している。**

せっかくランディングページを制作したにもかかわらず、「申込アイコン」を押した瞬間から本サイトのショッピングカートシステムにつなげてしまっていることだ。「せっかく本サイトのショッピングカートシステムがあるので、それを使おう」という判断なのだろう。

しかし、はっきり言おう。

ズバリ、**ショッピングカートはランディングページとの相性がものすごく悪い。最**

悪だ。

何が最悪かというと、日本の平均的なショッピングカートはランディングページから申込完了までに平均的に８つのページを遷移するということだ。

つまり、せっかくお客様がランディングページでその商品に興味を持ったとしても、クソ面倒くさい８ページを遷移しないと申込を完了することができない。

申込完了までに遷移するページが多いと何が起きるか？

せっかく広告とランディングページで商品の購買意欲を高めたのに、お客様の商品に対する意欲が急激に冷めていく。

そして、ページ遷移が進むたびにバケツの穴から水が漏れるように、どんどんお客様が離脱していってしまい、誰も申込完了画面までたどり着かないのだ。

では、この通称〝カゴ落ち〟と呼ばれる離脱を改善するためにはどうすればいいのか？

答えはカンタン。ズバリ単純にランディングページから商品購入までの遷移を短く

ランディングページからショッピングカートの最悪例

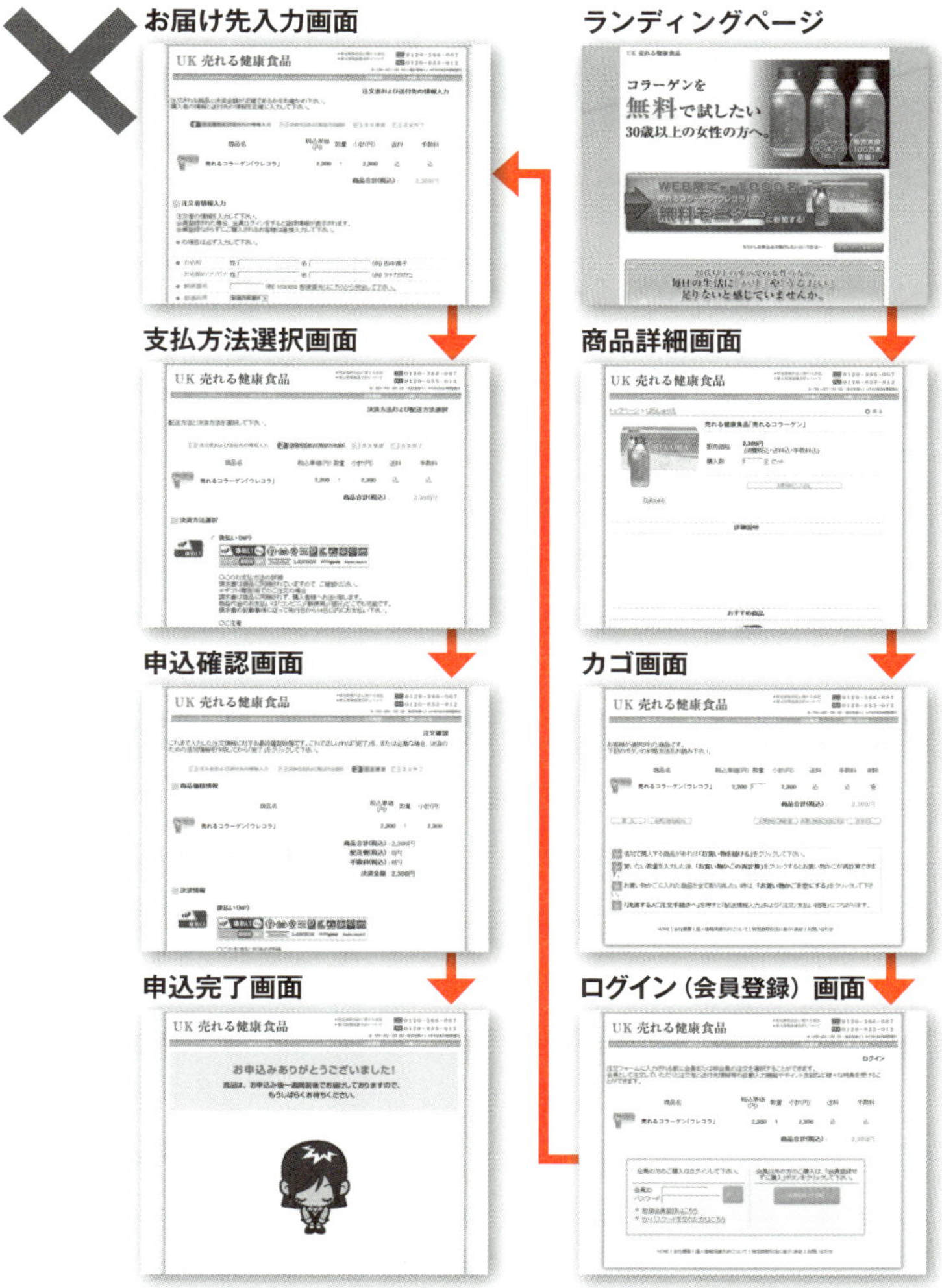

ランディングページは“申込フォーム一体型”に

ランディングページ

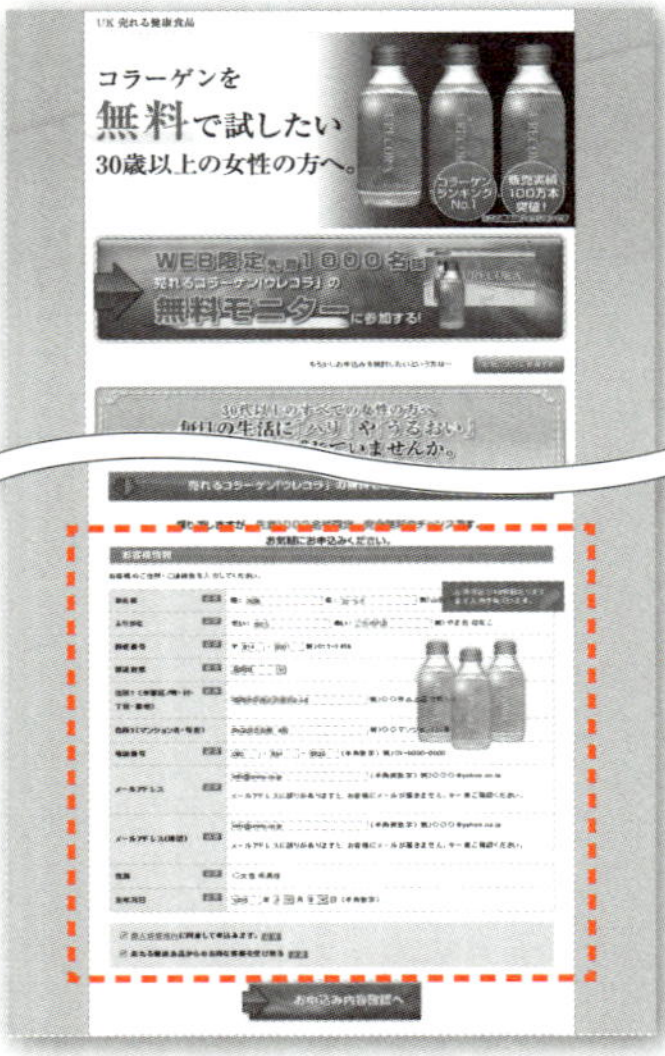

申込確認画面

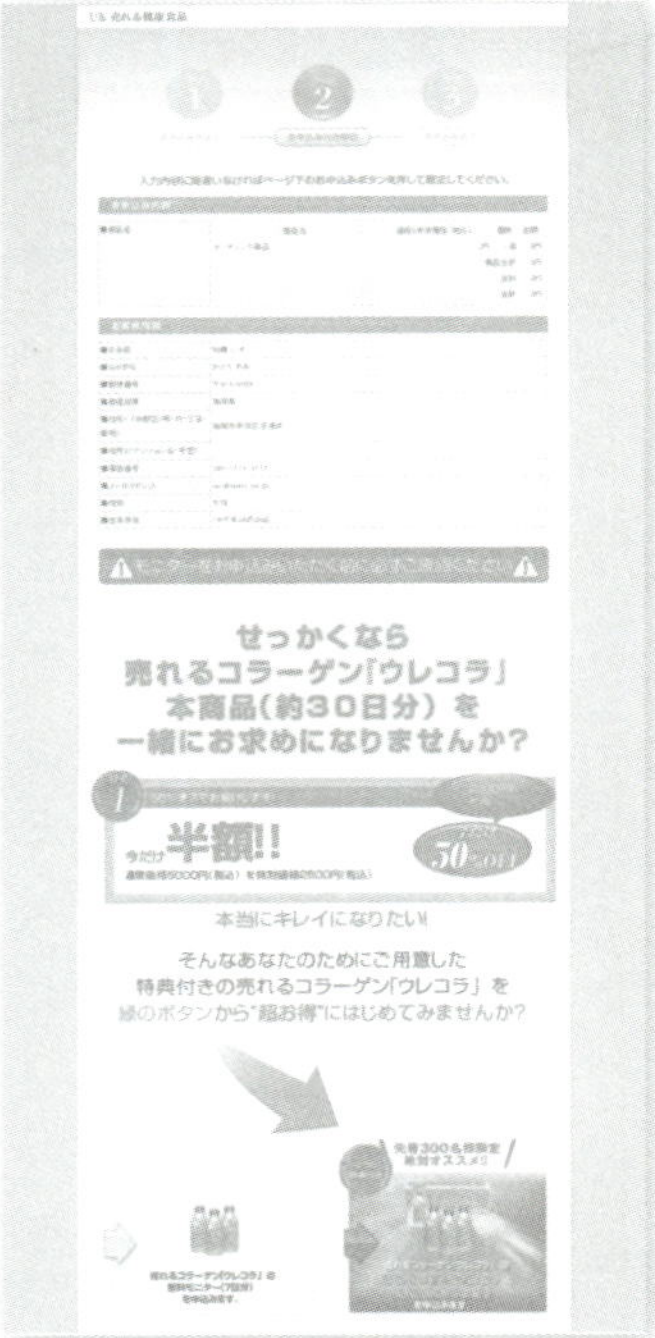

申込完了画面

勝ち組通販は“申込フォーム一体型”

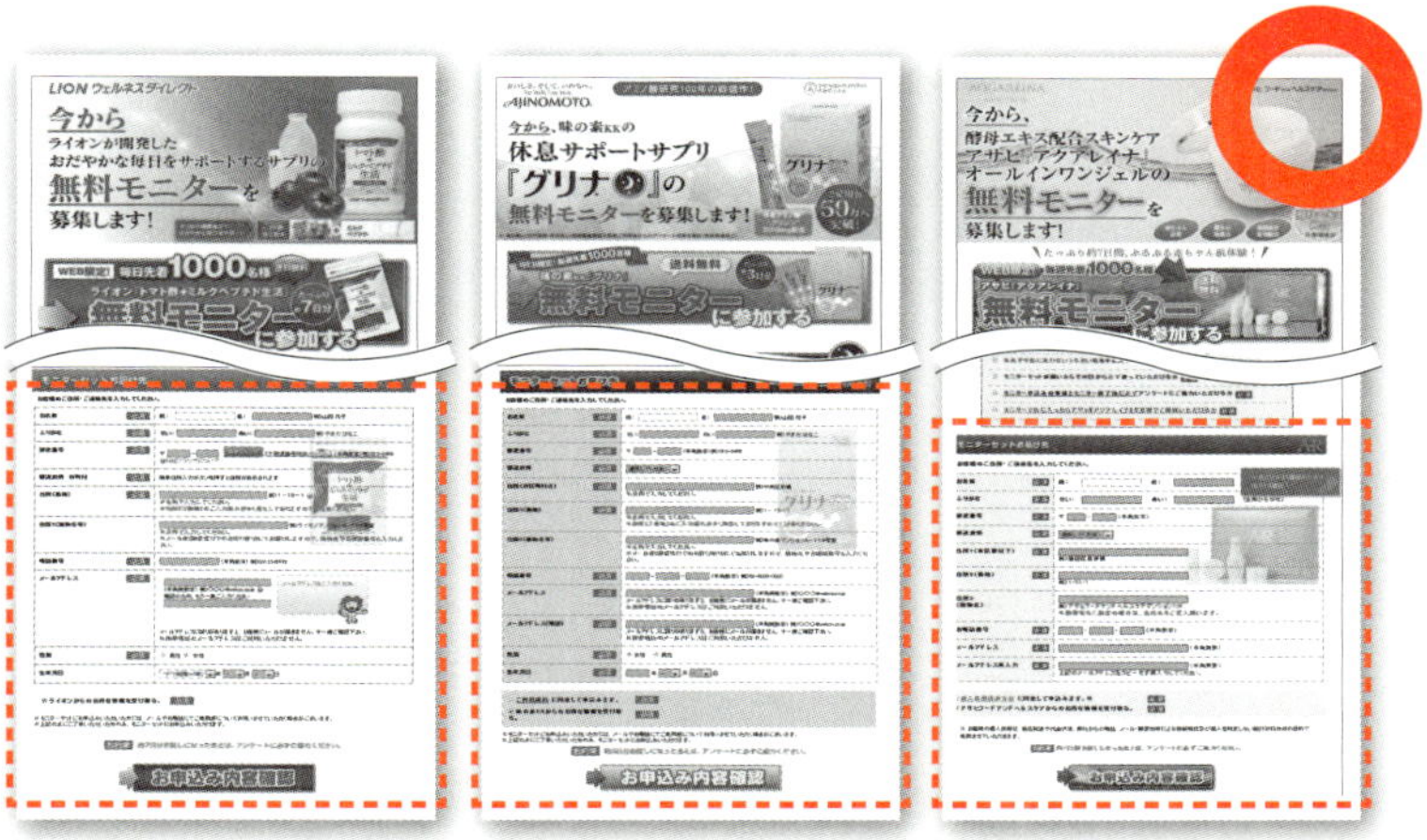

すればいいのである。

ランディングページからショッピングサイトのカートにつなぐ構造をやめ、**ランディングページと「申込フォーム」を〝一体型〟**にしてしまえばいいのだ。

ランディングページ中に申込フォームを設置して、お客様がこれに記入したら**「申込確認画面」**があって、その次に**「申込完了画面」**があるというシンプルな構造にする。

すると、お客様はたった3つのページ遷移で商品を購入できるようになり、劇的にランディングページのコンバージョン率が上がるのだ。

つまり成功するランディングページをつ

くるには、**ショッピングカートから申込フォーム一体型へ変える**こと。8つの遷移から3つの遷移に変えること。

申込フォーム一体型のランディングページは最強なのだ。

経験則上、申込フォーム一体型のランディングページで、コンバージョン率はさらに**約1・5～2・5倍**上がる。

実際に世の中で成功している通販のほとんどが、申込フォーム一体型のランディングページである。

アフィリエイト広告では、申込フォーム手前で〝本気ならチェックボックス〟を設置し、優良な見込客のみを集めると引上率が上がる！

アフィリエイト広告とは、お客様が広告をクリックして、ランディングページで無料モニターや商品購入や資料請求などの「アクション」を行ったときに広告料金が発生する、つまり、獲得した分だけ課金されるという完全成果報酬の理想の広告である。

採算＝ＣＰＡの面からすると、はっきり言って「アフィリエイト広告」は世の中の広告で最高の媒体である。実際のところ、通販会社は必ずと言っていいほど、「アフィリエイト広告」を行っている。

一見アフィリエイトは理想の広告のように見えるが、**実はマイナス点**もある。
それは、アフィリエイト媒体のほとんどが**〝ポイント系媒体〟**だということだ。

お客様が商品を申し込んだときに、媒体社からポイントを付与し、そのポイントほしさに多くのネットユーザーが申し込むのだ。

特に、「無料モニター」など低価格のモニターでやった場合、ネットユーザーはポイント目当てで申し込んだりする。

その結果、無料モニターでツーステップマーケティングを行うと、ものすごく引上率が悪い場合がある。

たとえば、ヤフーのような純広告に比べ、**アフィリエイト広告経由の見込客は引上率が半分以下**になったりする。

無料モニターや低価格のモニターには、送料やサンプル代といったコストがかかる。その分投資するのだから、モニターに参加するお客様に**「本気の方のみモニターに参加してほしい」**という最低限の参加条件を設定すべきだ。

そこで、ツーステップマーケティングでアフィリエイト広告をやるときにぜひオススメしたいテクニックが、**「本気ならチェックボックス」**だ。

アフィリエイト広告を使ってツーステップマーケティングをやる場合、お客様に気軽に申し込ませたらダメである。

引上率を上げるには、ある程度のコミットメント、つまり、**約束**をさせる必要がある。

つまり、ポイント目当てに気軽にモニターに申込を行わせないために、**申込フォームの手前（上部）で〝チェックボックス〟や〝アンケート〟を設置する**のだ。

モニターに申込をしようとするお客様に、モニター参加の条件を設定し同意させることで、**優良な見込客を獲得**するわけだ。つまり、ハードルを上げる、もっと言うと**イジワルをする**のだ。

具体的には、申込フォームの手前に、たとえば**「30歳以上の女性の方」**と年齢や性別をあえて区切ったり、**「本気でエイジングケアをしたい方」**と本気度を確かめたり、**「モニターで気に入ったら本商品を定期継続したい方」**と本商品を購入するようプレッシャーを与えたりなどだ。

モニターに申し込む条件を設定し、条件に合うお客様しか申し込めないようにすると、商品ターゲットに合ったお客様だけに絞り込まれるので、**優良見込客のみを獲得**

アフィリエイト広告では「本気ならチェックボックス」で優良見込客のみを！

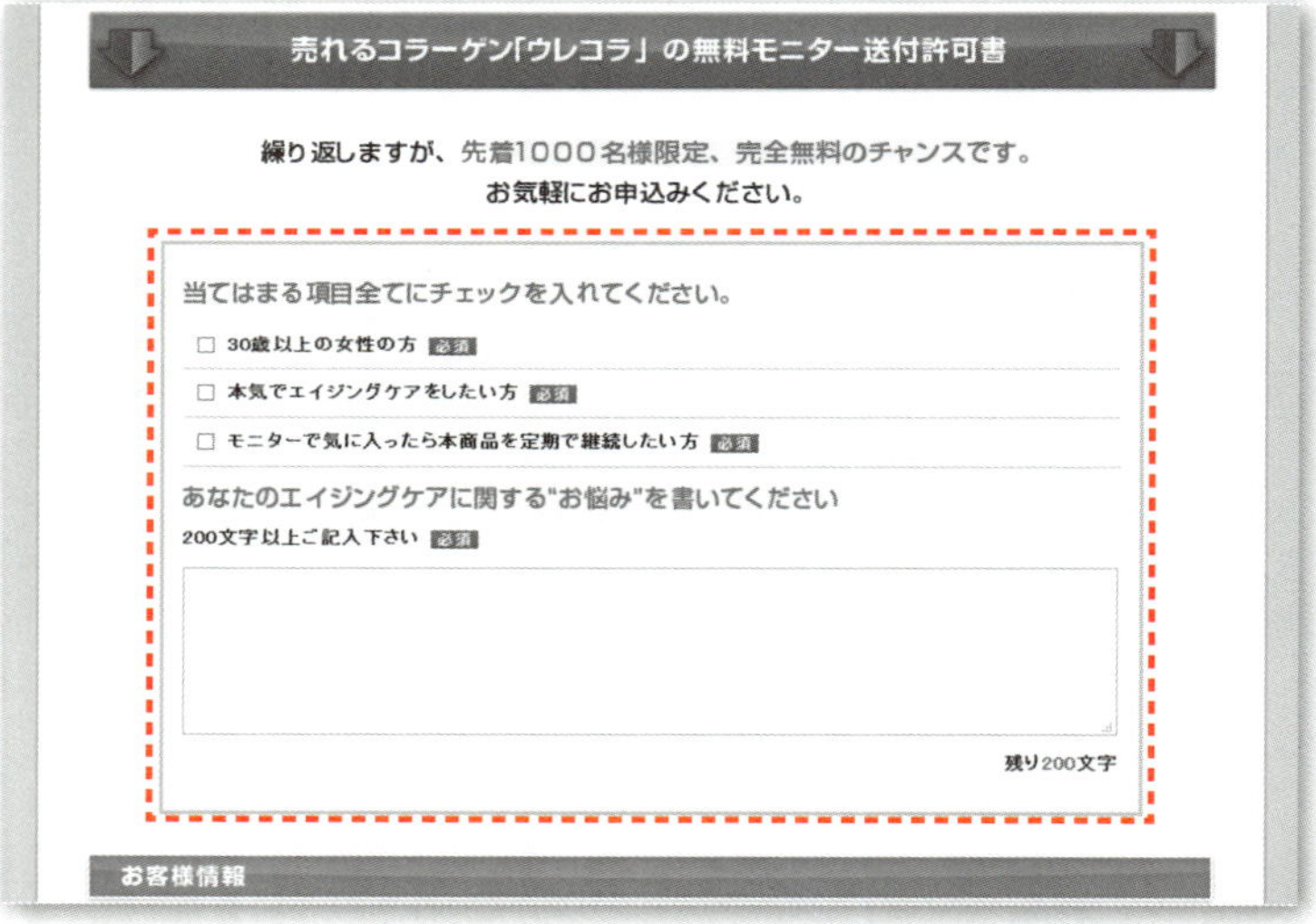

売れるコラーゲン「ウレコラ」の無料モニター送付許可書
繰り返しますが、先着1000名様限定、完全無料のチャンスです。
お気軽にお申込みください。
当てはまる項目全てにチェックを入れてください。
□ 30歳以上の女性の方 必須
□ 本気でエイジングケアをしたい方 必須
□ モニターで気に入ったら本商品を定期で継続したい方 必須
あなたのエイジングケアに関する"お悩み"を書いてください
200文字以上ご記入下さい 必須
残り200文字
お客様情報

することができる。

アフィリエイト広告は成果報酬型なのでCPAは固定だ。どうせCPAが固定なら、よい見込客のみを集めたほうが得である。

※この「本気ならチェックボックス」はアフィリエイト広告（成果報酬型広告）でのみ使用。純広告での使用は、コンバージョン率とCPAが悪化するリスクが高いので絶対に控えるようにしよう。

コンバージョン率が上がる！「ＥＦＯ済申込フォーム」９つのテクニック

お客様がランディングページで離脱する最大のポイントは**申込フォーム**だが、その理由は単純に**「面倒くさい」「エラーがムカつく」**である。

ブラインドタッチの速い私でさえそう思うのに、一般のネットのお客様はなおさらそう思っているのだ。

だから、コンバージョン率を上げるためには、申込フォームでの入力の手間や時間を減らしつつ、不適切な入力によるエラー発生頻度もゼロにすることである。

つまり、**使いにくさを軽減した入力しやすい最新の補助機能がついた申込フォームを使う**とコンバージョン率は上がる。

そこで、今まで何度も申込フォームのＡ／Ｂテストを繰り返して編み出した、**ＥＦＯ（Entry Form Optimization、エントリーフォーム最適化）済の〝最強申込フォー**

EFO済の申込フォームは最強

お客様情報

お客様のご住所・ご連絡先を入力してください。

必須項目が12項目あります。
残り10項目

お名前 必須	姓: 名: 例)山田
ふりがな 必須	せい: めい: 例)やまだ はなこ
郵便番号 必須	〒 - 例)012-3456
都道府県 必須	選択してください
住所1(市郡区/町・村・丁目・番地) 必須	例)○○市△△区□町1-1
住所2(マンション名・号室)	例)○○マンション101号
電話番号 必須	- - (半角数字)例)03-0000-0000
メールアドレス 必須	(半角英数字)例)○○○@yahoo.co.jp メールアドレスに誤りがありますと、お客様にメールが届きません。今一度ご確認ください。
メールアドレス(確認) 必須	(半角英数字)例)○○○@yahoo.co.jp メールアドレスに誤りがありますと、お客様にメールが届きません。今一度ご確認ください。
性別 必須	◉女性○男性
生年月日 必須	年 - 月 - 日(半角数字)

☐ 個人情報規約に同意して申込みます。必須

☑ 売れる健康食品からのお得な情報を受け取る 必須

必須項目を全て入力すると
確認ボタンが表示されます。
表示されない場合はこちらをクリック。

ム〟9つのテクニックを紹介しよう。

EFOテクニック 1
各フォームを大きく目にし、見やすく

ネットのお客様とはいえ、通販のお客様のほとんどが30歳以上の中年・シニア層である。

だから、一般的な申込フォームより、**フォームの枠やフォントを大き目にして入力しやすくしてあげる**こと。

あと大事なのが、**未入力の部分のフォームの枠内の色をグレーにすること（入力し始めると白くなる設定）。**

こうすることで、心理的に記入項目が少なく見え、コンバージョン率は上がる。

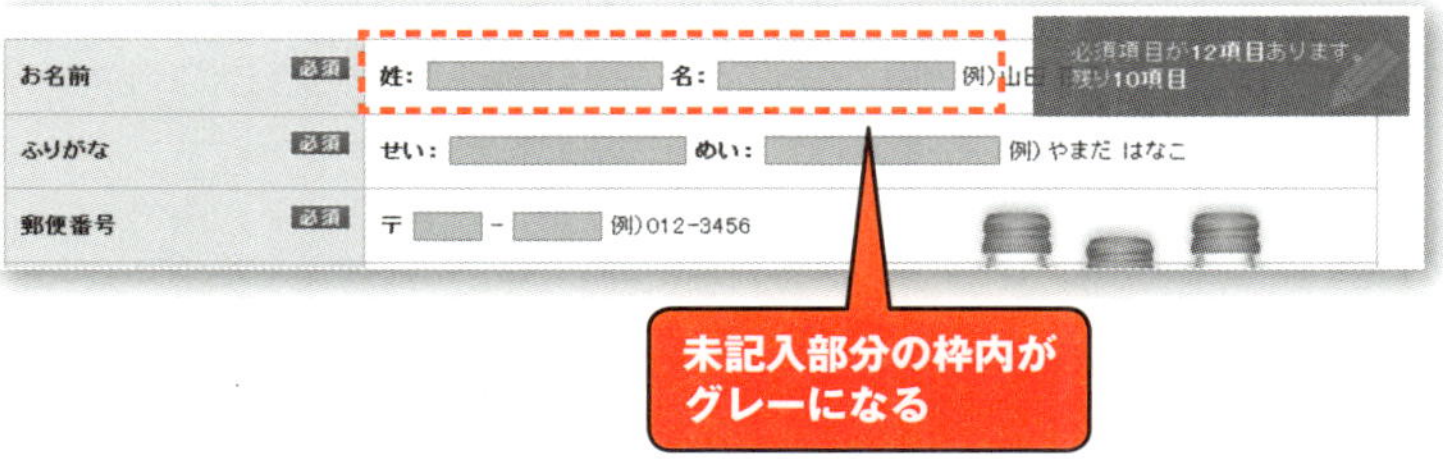

EFO
テクニック
2

必須項目と残りの数を明確に

必須項目をお客様がきちんと入れないと、エラーになり、離脱率が増える。

だから、必須項目の表記は、**しっかりと目立つ白抜きテキストで「必須」**と書き、わかりやすくすること。

あと、**必須項目の残りの数を表示**することにより、お客様があと何個記入しないといけないかを明確にすることができ、先が見え、コンバージョン率は上がる。

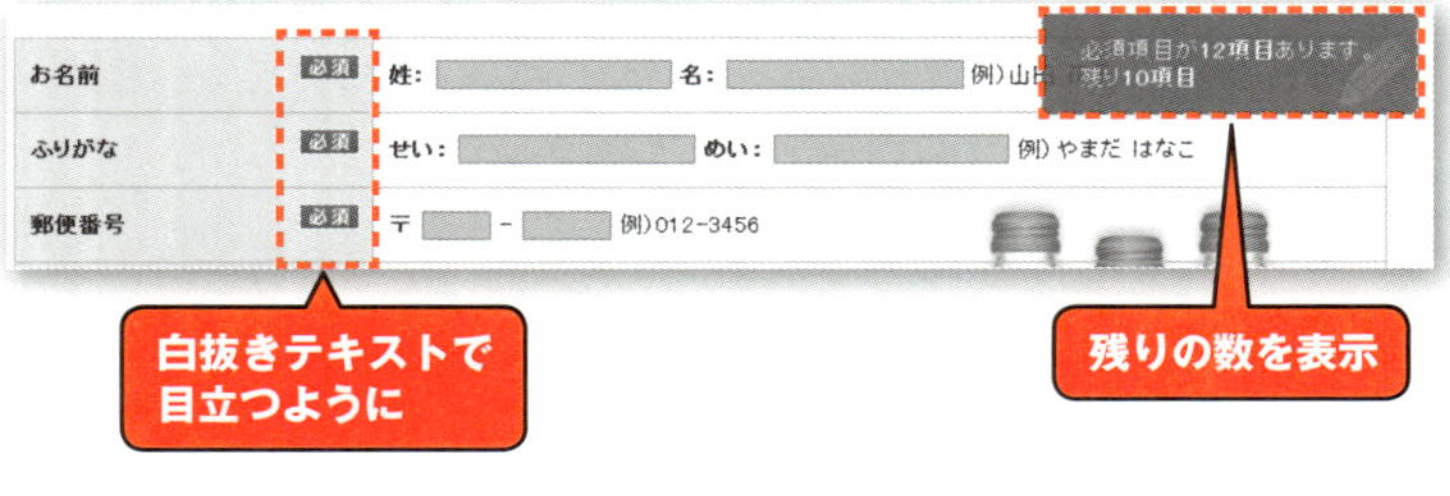

EFOテクニック 3

名前を入力すると、「ふりがな」が自動的に入力されるように

アルファベットだけの英語圏とは違い、日本では漢字とふりがなという項目がある。これを両方入力するのは面倒だ。

そこで、お客様の手間を少しでも省くために、**お名前欄に漢字で入力すると、すぐ下のふりがな欄にも自動的に同時に文字が入力**されるようにすると、コンバージョン率は上がる。

キーボードやスマートフォンでの入力が苦手な方にとっては、こういう配慮はとてもうれしいものだ。

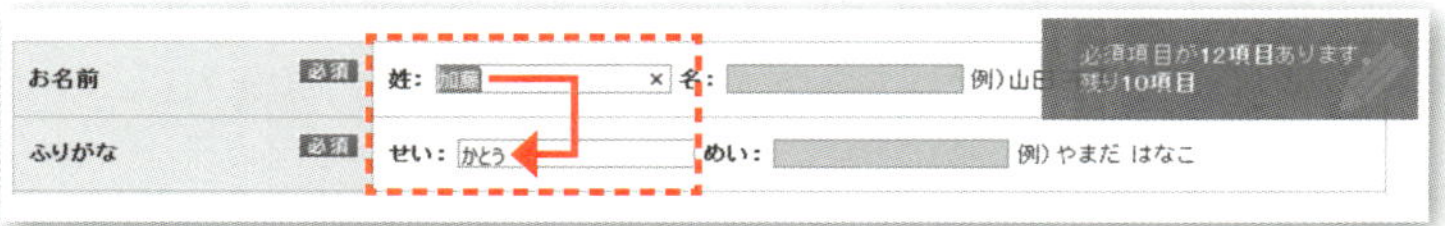
お名前
必須
姓：加藤
名：
例）山田
ふりがな
必須
せい：かとう
めい：
例）やまだ はなこ
必須項目が12項目あります。
残り10項目

EFO
テクニック
4

郵便番号を記入すると、住所が自動的に入力されるようにする

多くの申込フォームは、いまだにお客様に郵便番号を入力させ、都道府県を選択させ、住所を入力させるという面倒な作業をさせている。

そこで、お客様の手間を少しでも省くために、**郵便番号7ケタを入力し、すぐその下の都道府県と住所欄にも自動的に該当住所が入力されるようにする**と、コンバージョン率は上がる。

ふりがなの自動入力と同じく、キーボードやスマートフォンでの入力が苦手な方にとっては、こういう配慮もとてもうれしいものだ。

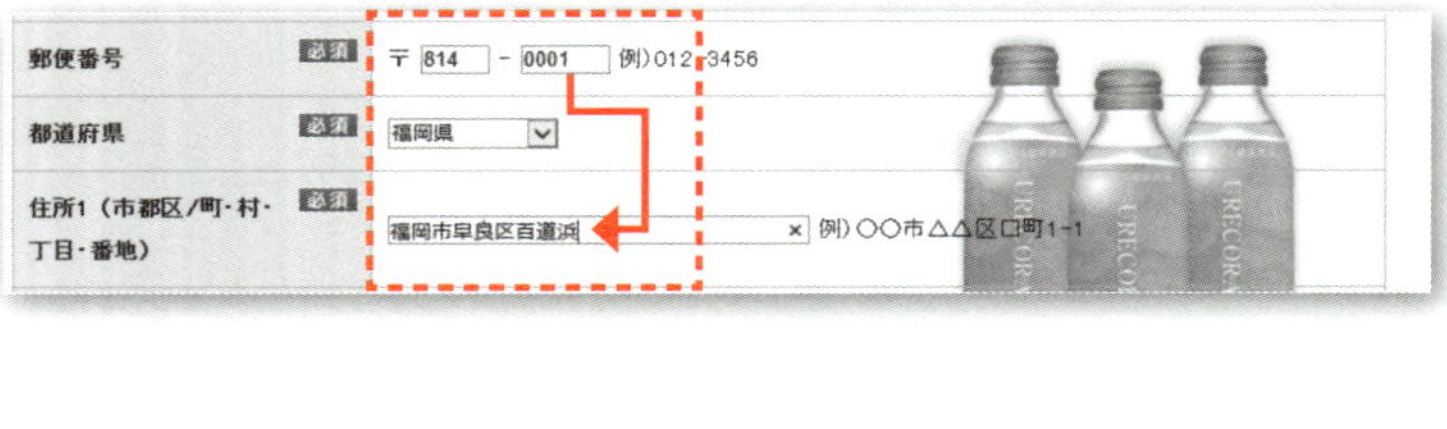
郵便番号
必須
〒 814 - 0001 例）012-3456
都道府県
必須
福岡県
住所1（市都区/町・村・丁目・番地）
必須
福岡市早良区百道浜
例）○○市△△区□町1-1

EFOテクニック5

全角・半角の「自動切替」を使う

多くのお客様にとって、英数文字の全角と半角は区別がつきにくい。

お客様がそれに気づかず、申込フォームを入力して、そのまま申込ボタンを押すと、エラーになってしまう。

そこで、お客様への補助機能として、**お名前など全角入力するフォーム項目では「全角に自動切替」、電話番号やメールアドレスなど英数文字を入れるフォーム項目では「半角に自動切替」させる**と、コンバージョン率は上がる。

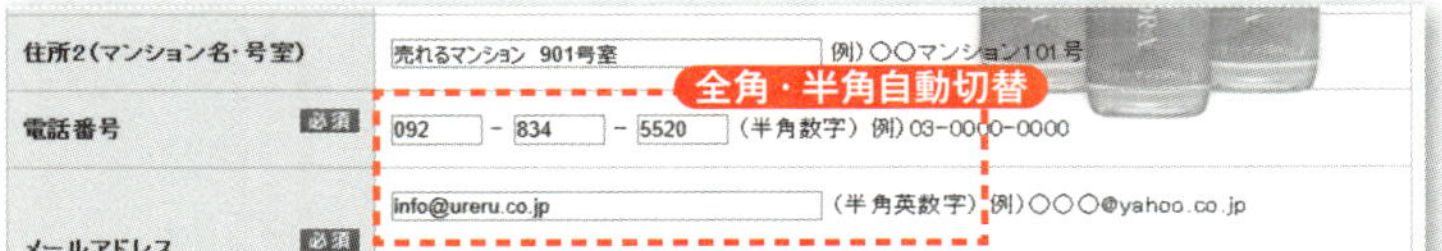

EFO
テクニック
6

入力不備をリアルタイムで指摘

お客様が申込フォームで離脱する2番目の理由は、**エラー表示**である。

エラーが多発したらお客様はすぐに逃げていく。

多くの申込フォームは、お客様がすべてのフォーム項目を入力して、最後に申込ボタンを押した瞬間に、「申し訳ございません。入力内容に不備があるようです」などとエラーとして不備の項目を赤くしてお客様に指摘する。

でも、どうせ不備の項目を指摘するならお客様が間違った瞬間、つまり**リアルタイムに指摘**するべきである。

そこで、お客様がフォーム項目を入力した瞬間に**〝バルーン〟で、リアルタイムに不備の項目を指摘**すると、コンバージョン率が上がる。

お客様が申込ボタンを押した後ではなく、**お客様が申込ボタンを押す〝前〟に不備を指摘してあげる**のだ。

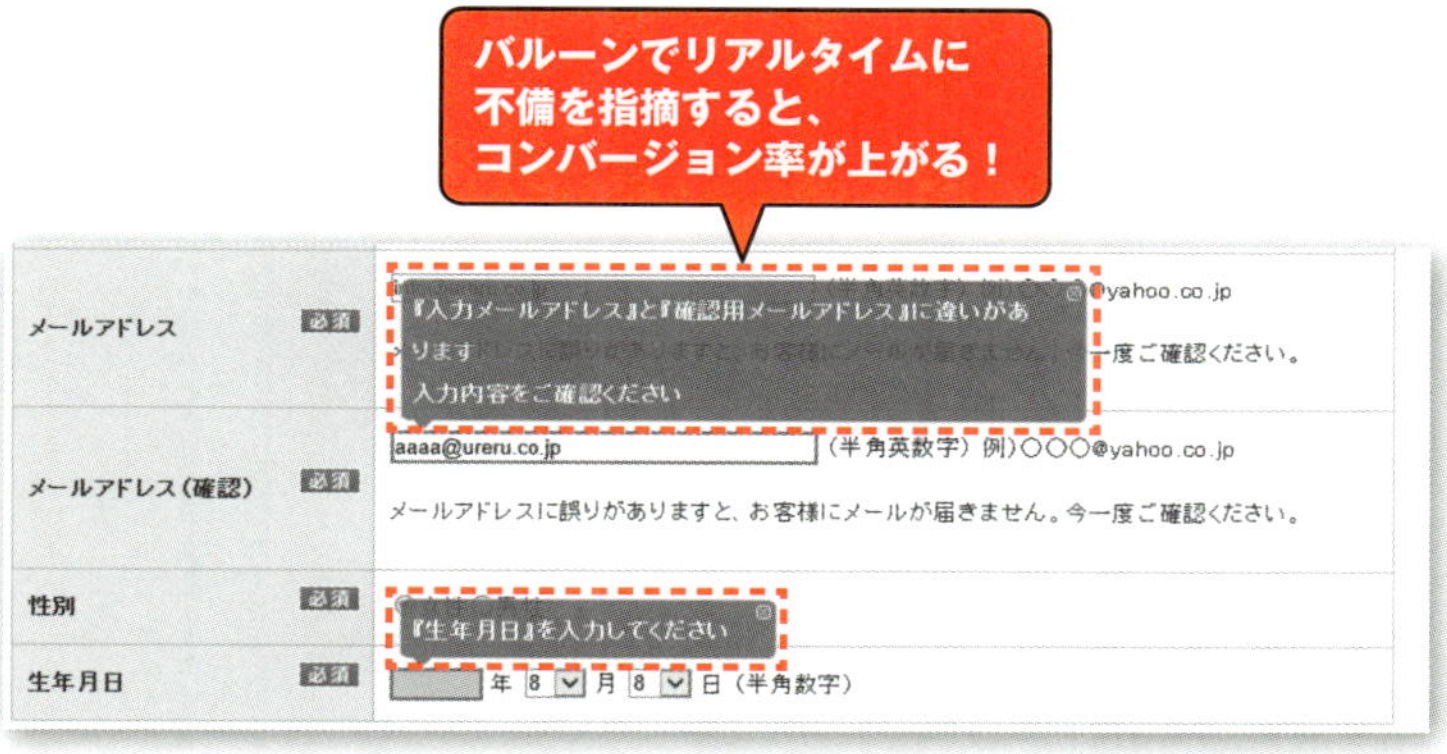
バルーンでリアルタイムに
不備を指摘すると、
コンバージョン率が上がる！
メールアドレス
必須
『入力メールアドレス』と『確認用メールアドレス』に違いがあります
入力内容をご確認ください
メールアドレス（確認）
必須
aaaa@ureru.co.jp
（半角英数字）例）〇〇〇@yahoo.co.jp
メールアドレスに誤りがありますと、お客様にメールが届きません。今一度ご確認ください。
性別
必須
『生年月日』を入力してください
生年月日
必須
年 8 月 8 日（半角数字）

EFO
テクニック
7

必須項目が正しく入力されてから、申込ボタンを表示

繰り返すが、お客様は申込フォームでのエラーが大嫌いである。

特にすべてのフォーム項目を入力して、最後に申込ボタンを押した瞬間に、エラー表示が出ると離脱するのだ。

お客様の起こす1番多いエラーは、実は**必須項目の入力忘れ**である。

そこで、**お客様がすべての必須項目を正しく入力するまで申込ボタンが現れないようにすること。お客様が全必須項目を正しく入力した瞬間に申込ボタンが現れるようにする**のだ。

先ほどお伝えした「入力不備をリアルタイムで指摘」と組み合わせることにより、申込フォームでのエラーは100%なくなり、コンバージョン率は上がる。

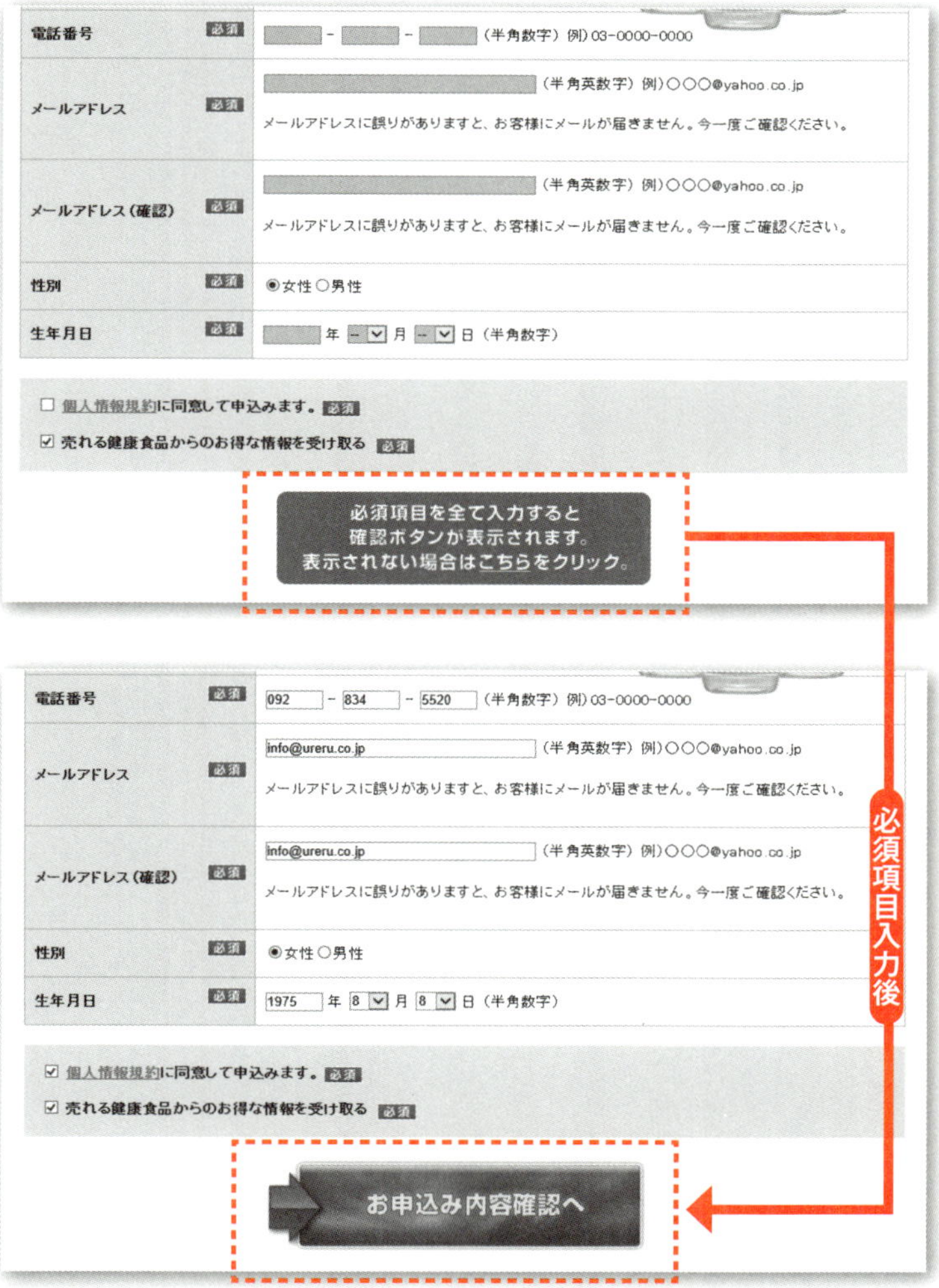
電話番号 必須
－ －（半角数字）例）03-0000-0000
メールアドレス 必須
（半角英数字）例）○○○@yahoo.co.jp
メールアドレスに誤りがありますと、お客様にメールが届きません。今一度ご確認ください。
メールアドレス（確認） 必須
（半角英数字）例）○○○@yahoo.co.jp
メールアドレスに誤りがありますと、お客様にメールが届きません。今一度ご確認ください。
性別 必須
◉女性○男性
生年月日 必須
年 月 日（半角数字）
個人情報規約に同意して申込みます。必須
売れる健康食品からのお得な情報を受け取る 必須
必須項目を全て入力すると
確認ボタンが表示されます。
表示されない場合はこちらをクリック。
必須項目入力後
電話番号 必須
092 － 834 － 5520（半角数字）例）03-0000-0000
メールアドレス 必須
info@ureru.co.jp（半角英数字）例）○○○@yahoo.co.jp
メールアドレスに誤りがありますと、お客様にメールが届きません。今一度ご確認ください。
メールアドレス（確認） 必須
info@ureru.co.jp（半角英数字）例）○○○@yahoo.co.jp
メールアドレスに誤りがありますと、お客様にメールが届きません。今一度ご確認ください。
性別 必須
◉女性○男性
生年月日 必須
1975 年 8 月 8 日（半角数字）
個人情報規約に同意して申込みます。必須
売れる健康食品からのお得な情報を受け取る 必須
お申込み内容確認へ

EFOテクニック
8

申込フォームの背景にうっすら商品画像

ブラインドタッチがかなり速い人にとっても、申込フォームは面倒くさいものである。モチベーションを少しでも上げたほうがお客様は申込フォームを入力完了してくれる。

そこで、超細かいテクニックだが、**申込フォームの背景に薄く商品画像を配置**しよう。「この申込フォームを入力したら、もうすぐ商品が届きますよ」と暗示させることにより、お客様のモチベーションを上げ、その結果コンバージョン率は上がる。

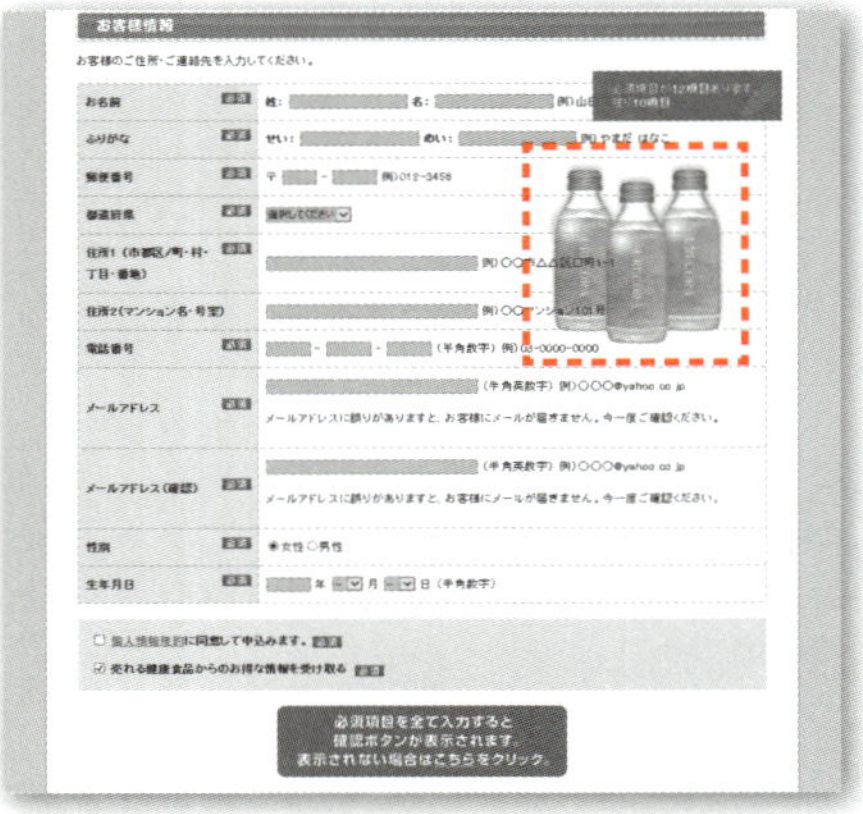

EFO テクニック 9

フォローメールの「オプトインの同意」を必須に

最後に、多くの通販が見逃す今後のCRM（引上・リピート）に大きく関わる重要な部分についてお伝えしたい。

法律で決まっているので、多くの会社は申込フォームの1番最後の部分に2つのチェックボックスを用意している。

1つ目が「個人情報規約（プライバシーポリシー）の同意」、2つ目がその後、メルマガやフォローメールを送ってよいかの許可をもらう**「メールのオプトインの同意」**だ。

すべての通販会社は「個人情報規約（プライバシーポリシー）の同意」に関しては〝必須〟にしているが、なぜかほとんどの通販会社は**「メールのオプトインの同意」に関しては〝任**

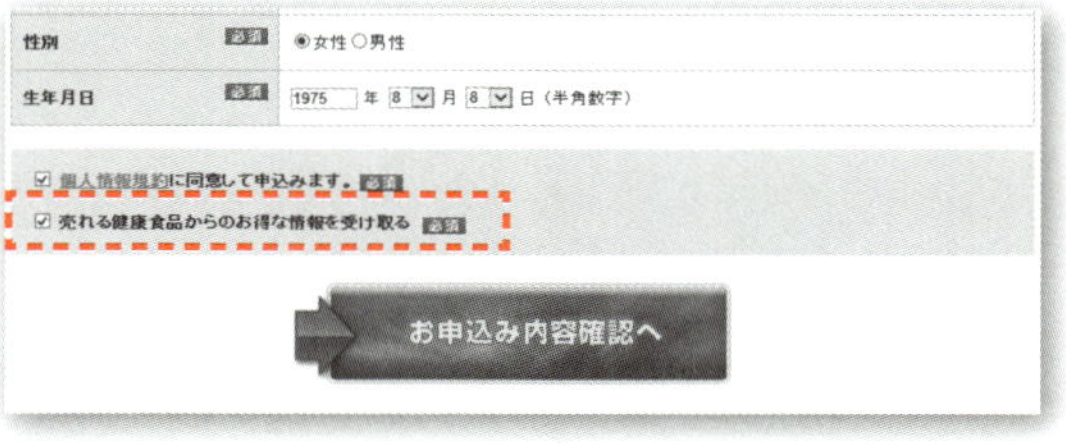

意〟にしている。

その結果、どうなるかというと、任意にしている「メールのオプトインの同意」に関しては**60%のお客様がチェックを外してしまう**のだ。

つまり、**今後CRMができる対象を自らの手で半分以下にしている**のである。

はっきり言おう。

これは**通販にとっては自殺行為**である。

通販とダイレクトマーケティングの本質は、初回申込はきっかけであり、その後、半永久的にお客様とリレーションをとり続けることにある。

それなのに、「メールのオプトインの同意」を任意にして、自らの手で今後CRMできるお客様を半分以下にしているのだ。

そんなことをしたら、その後の引上率・リピート率は上がらないに決まっている。

そこで、**「メールのオプトインの同意」は絶対〝必須〟**にしよう。

つまり、「○○からのお得な情報を受け取る」という**「メールのオプトインの同意」のチェックボックスを押さないと、申込ができないようにする**のだ。

そうすることにより、今後ＣＲＭができる対象が**40％から１００％と2倍以上**になり、その後の引上率・リピート率が大幅に上がる。

第4章

「アップセル率」を最高に上げる方法

ズバリ、今から紹介することが私のクライアントの最高の成功の秘訣

現在何百億円と大きく売上を上げ、成功している多くの通販は「**アップセル**（利用者が申し込もうとしている商品よりも、上位の商品を提案し、購入単価の向上を目指す販売アプローチ）」をうまくやっている。

多くのお客様を引き上げて、リピートさせ、クロスセルさせ、年間購入単価（LTV）を上げていくことが通販の成功の秘訣である。

今回紹介したいのが、その「アップセル率」をネットで劇的に上げる方法である。

私が普段コンサルティングをしていて**1番オススメする最高のテクニック**である。

さて、そのテクニックとは、ズバリ！

「ランディングページの〝確認画面〟を有効活用し、劇的にアップセル率を上げる」

というものだ。

ちなみに、**私のクライアントすべてがこの方法を用いて大成功**している。

儲かっている通販がオフラインで必ずやっている「アップセルトーク」

オフライン広告（新聞・チラシ・インフォマーシャルなど）ではコールセンターに電話すると、「無料モニターセット」を申し込もうと電話をかけてきたお客様に対して、**「せっかくなら本商品を買いませんか？」**とその場で本商品に引き上げたり、本商品を「その都度」申し込もうと電話をかけてきた人には、**「定期コースにしませんか？」**とその場で定期コースに引き上げたりする。「商品A」を申し込もうと電話をかけてきたお客様には、「商品Bも一緒にいかがですか？」とその場でクロスセルをしたりする。

マクドナルドで「ハンバーガーと一緒にポテトもいかがですか？」と言われると、ついポテトも頼んでしまうように、人間はすでにお金を払う気になっていると、新しいオファーにも気軽に乗ってしまうものである。**実際に儲かっている通販企業のコールセンターでは、その人間心理をうまく利用し、膨大な売上と利益を上げているのだ。**

ネットでアップセル率が低い原因とは？

逆にオフラインに比べてネットは、アップセル率が悪いというイメージがある。

ネットではショッピングカートシステムでお客様がシステマチックに申し込むため、オフラインのコールセンターのように人間が臨機応変に対応することができないからだ、と言われている。

だが、それは間違っている。

ネットのアップセル率が悪いのは**戦術が誤っているから**なのだ。

多くのネット通販会社が間違っている点は、**ランディングページでアップセルを狙おう**としていることにある。

たとえば、ネット広告で「無料モニターセット」を掲載しているのに、あわよくば「本商品」も買ってもらおうと、ランディングページの「無料モニターセットを申し込む」のアイコンの下に、「本商品を申し込む」のアイコンを置いてみたりする。

さらにその下に「本商品を定期で申し込む」のアイコンや「商品Bも一緒に申し込む」のアイコンを設置したりして失敗している。

ネット広告をクリックして、ランディングページにきて、申込の判断をこれからしようとしているお客様にいきなりそんな選択肢を与えたら、コンバージョン率が低下するのは当たり前。

前述のとおり、ネット広告から誘導するランディングページにくる新規顧客はその商品しか申し込まない。

たとえば、「商品Aのモニターセット」でネット広告を打った場合、ズバリ99％のお客様はその商品Aのモニターしか申し込まない。

そんなお客様にいきなり選択肢を渡しても意味がない。ただ戸惑うだけであり、結果的に何も申し込まなくなり、コンバージョン率が下がる。

仮に申込をしてくれたとしても、ほとんどのお客様はハードルの低いほうを選ぶ。

そのため、こんな選択肢の並べ方では99％以上のお客様が「無料モニターセット」しか申し込まない。**このタイミングでアップセルをするにはまだ早い**のだ。

ランディングページの中でアップセルを狙ってはダメ

アップセル率を劇的に上げたかったら、"確認画面"を絶好の機会とせよ

それでは、ランディングページの中ではなく、どこでアップセルを狙えばいいかというと、1番効果的なタイミングは、**お客様が面倒くさいと思う申込フォームの記入後、つまり「申込確認画面」**である。

以前触れたとおり、そもそも日本の平均的なショッピングカートは、ランディングページから申込完了までに8つものページを遷移するため、ページ遷移が進むたびにバケツの穴から水が漏れるようにどんどんお客様が離脱し、誰も「申込完了画面」まででたどり着かない。

ただし、面倒なフォームを記入して「申込確認画面」までたどり着いたお客様の99%は、あとワンクリックで終わるので「申込完了画面」に遷移する。そこから離脱することはほぼない。

「申込確認画面」を有効活用していないダメな例

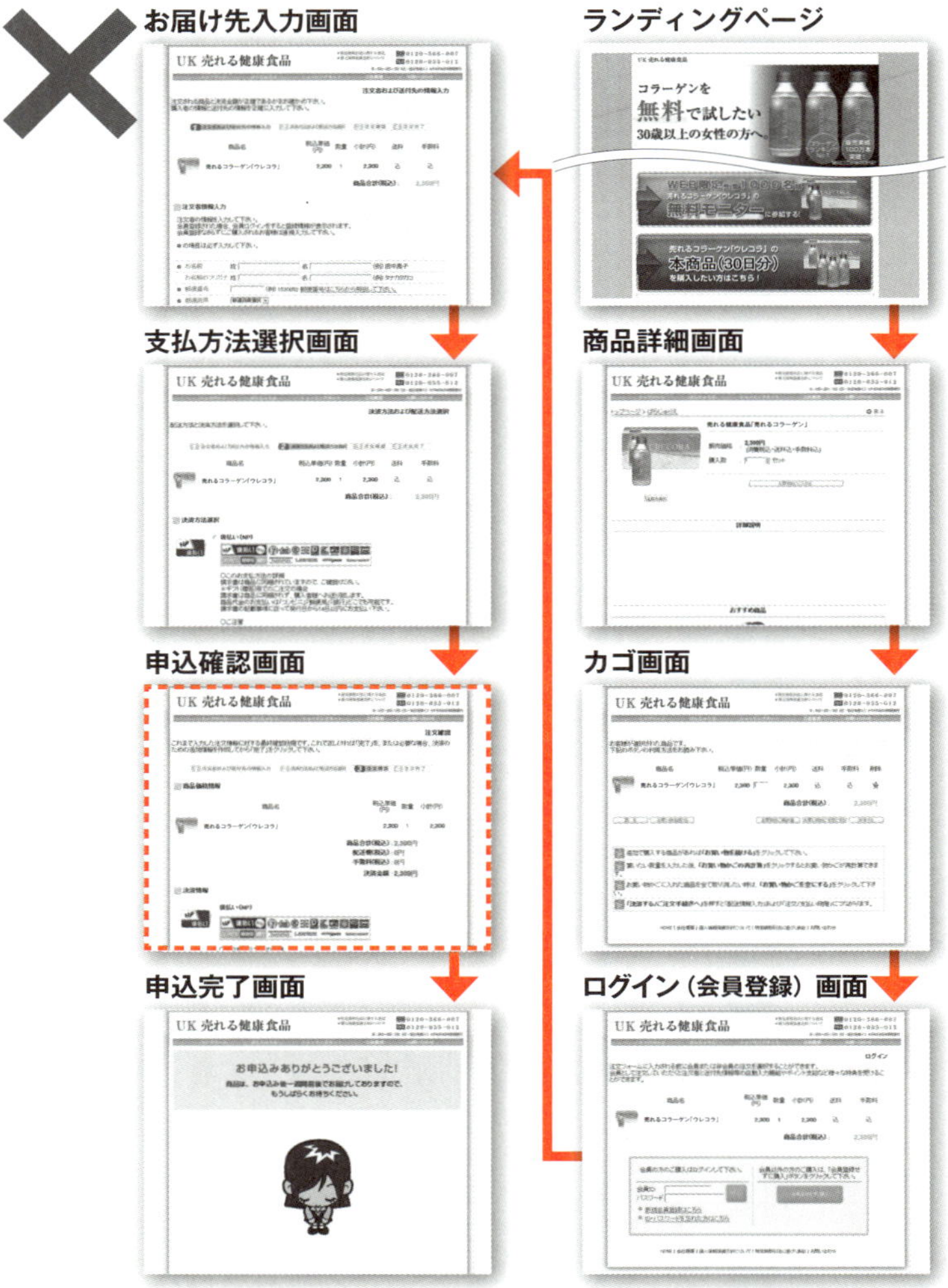

ズバリ、**ここのタイミングが１番のビジネスチャンス**なのである。

あと一歩で商品の申込完了になる「申込確認画面」のタイミングで、アップセルを狙うと劇的にアップセルができるのだ。

でも、世の中の99％のネット通販の「申込確認画面」は単純に「商品はこれでいいですね？　住所・電話番号・メールアドレスはこれでいいですね？」と入力内容をただ確認しているだけなのだ。

もったいない！　非常にもったいないのだ！

重要

秘伝の最高テクニック〝確認画面でアップセル〟の裏ワザ

繰り返すが、**このタイミングが1番のビジネスチャンス**なのである。

あと一歩で商品が申込完了になる「申込確認画面」のタイミングで、アップセルを狙うと劇的にアップセルができるのだ。

まずは先に触れたとおり、ランディングページからショッピングサイトのカートにつなぐ構造をやめ、**ランディングページと「申込フォーム」を一体型**にしてしまうこと。

そして、**お客様が申込フォームを記入したら「申込確認画面」があって、その次に「申込完了画面」がある、というシンプルな構造**にすること。

「申込確認画面」では、単純に入力内容を確認するのではなく、**ここでアップセルを狙う**のである。具体的にはこうだ。

「申込確認画面」にアップセルを入れる

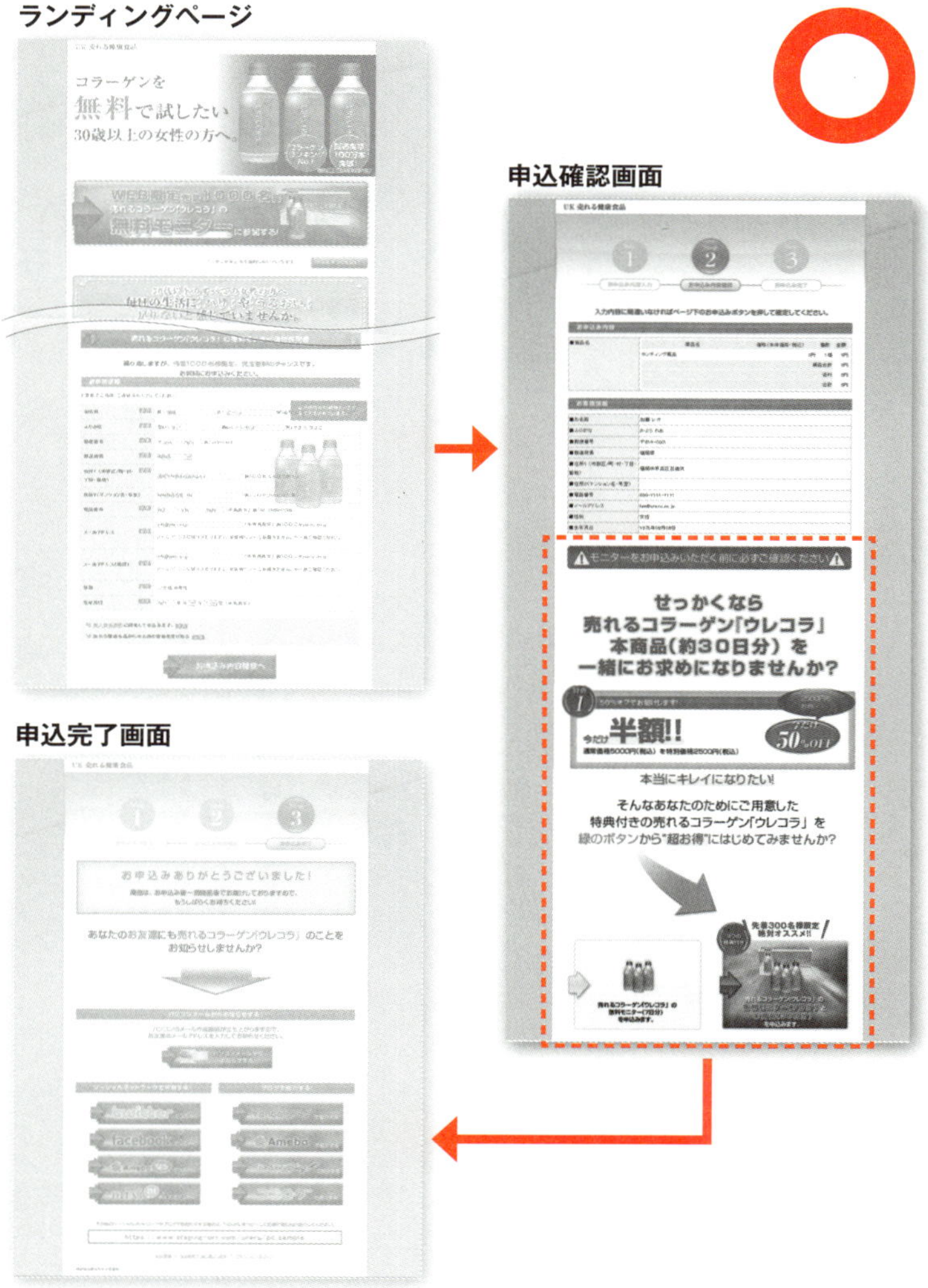

たとえば、「無料モニターセット」を申し込もうとしているお客様に対しては、**「せっかくなら本商品を買いませんか？」**とその場で本商品に引き上げる。

本商品を「その都度」申し込もうとしているお客様には、**「定期コースにしませんか？」**とその場で定期コースに引き上げる。「商品A」を申し込もうとしているお客様には、**「商品Bも一緒にいかがですか？」**と、**この「申込確認画面」でアップセル誘導**をするのである。

具体的に言うと、「申込確認画面」で「お申込を確定する前に……」とお客様の足を止めて、「申込確認画面」でアップセルしたい方向にお客様を説得していき、**ページ最後で2つのアイコンを左右で表示**するのだ。

たとえば**〝左側〟には「7日分無料モニターセットのみで申し込む（広告LPで申し込もうとした商品）」のアイコン**を、**〝右側〟には「30日分の本商品を申し込む（アップセルさせたい商品）」のアイコンを配置**するのだ（↓左ページ）。

お客様が〝左側〟のアイコンを押すと、そのままモニター（広告LPで申し込もう

面白いくらいに右側をクリックしてしまい、アップセル成功

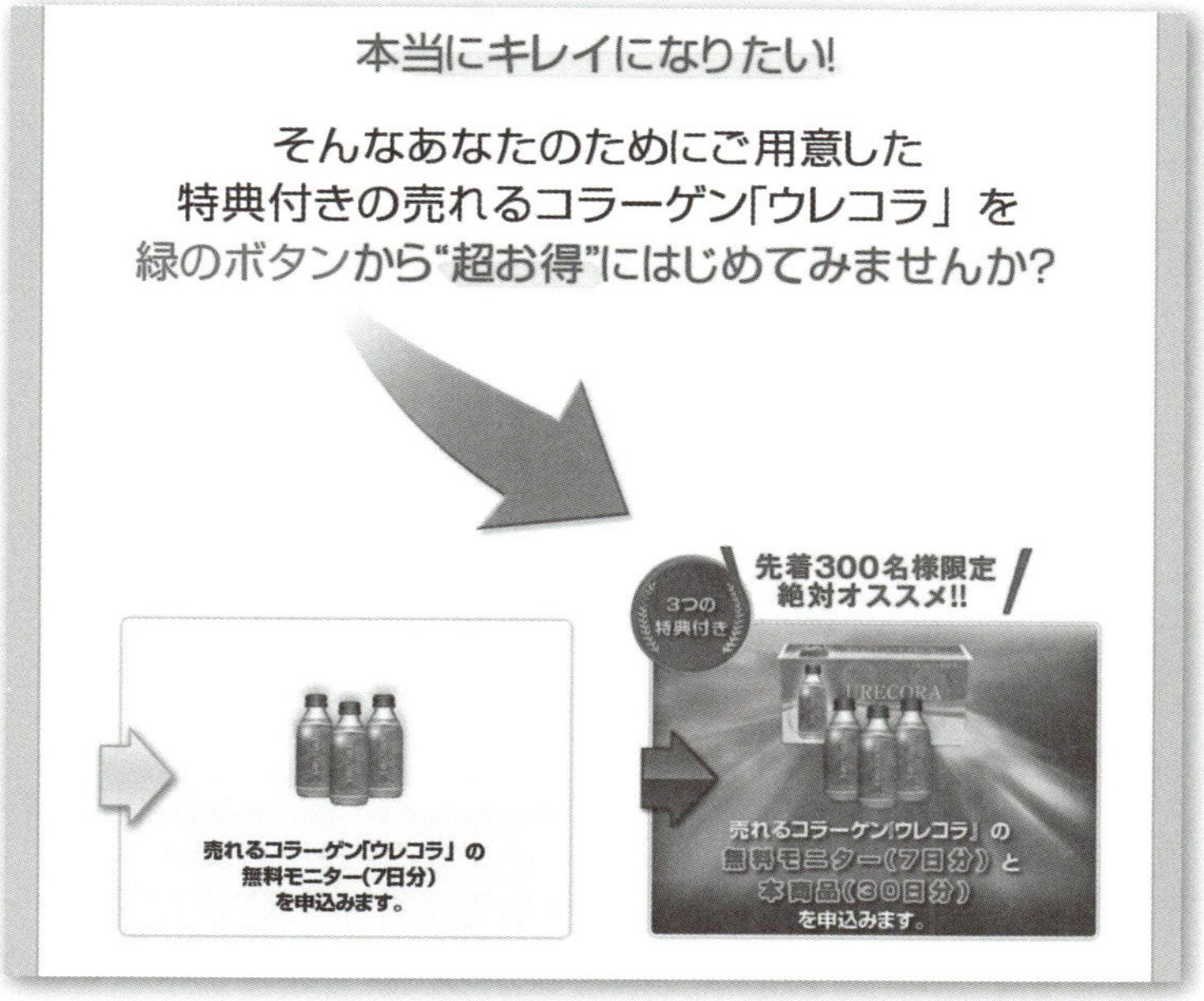

とした商品）として「申込完了画面」に移る。

〝右側〟のアイコンを押すと、本商品（アップセルさせたい商品）にアップセルしたうえで（価格決済まで含めて）「申込完了画面」へと移動する。

このような構造にすると、**面白いくらいにお客様が〝右側〟のアイコンを押してアップセル**してしまうのだ。

なぜ、〝確認画面でアップセル〟すると、採算性が何倍にもはね上がるのか？

なぜ、こんなにも**〝確認画面でアップセル〟**は効果があるのか？

それは申込の判断をして、面倒なフォームを記入して、完了まであと一歩のところでアップセル商品を提案するからだ。

まさに、お客様の心理状態をうまく利用していると言える。

私のクライアントの実績では、この〝確認画面でアップセル〟を使えば、「無料モニターセット」から「本商品」へのアップセル率（引上率）の場合は**最大20％以上、**「５００円モニターセット」から「本商品」へのアップセル率（引上率）の場合は**最大40％以上、**「商品A」から「商品A＋B」へのアップセル率（クロスセル率）の場合は**最大60％以上、**「その都度購入」から「定期購入」へのアップセル率は**最大80％以上**になっている。

アップセル率が上がった４つのケース

ケース①

無料モニターから
本商品へのアップセル

広告LP ➡ 申込確認画面（アップセル）

無料モニター ➡ 本商品

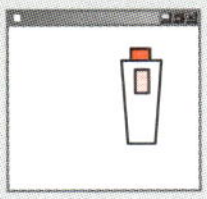

アップセル率（=引上率）

3%〜24%！

ケース②

500円モニターから
本商品へのアップセル

広告LP ➡ 申込確認画面（アップセル）

500円モニター ➡ 本商品

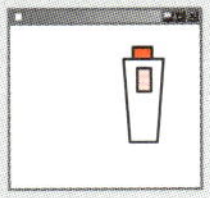

アップセル率（=引上率）

7%〜48%！

ケース③

商品Ａに加えて商品Ｂも
買わせるアップセル

広告LP ➡ 申込確認画面（アップセル）

商品Ａ ➡ 商品A+B

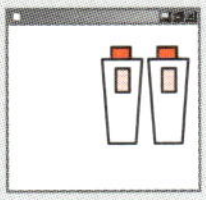

アップセル率（=クロスセル率）

22%〜61%！

ケース④

その都度購入から
定期購入へのアップセル

広告LP ➡ 申込確認画面（アップセル）

その都度購入 ➡ 定期購入

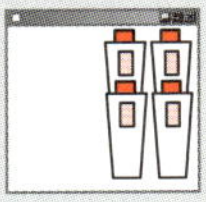

アップセル率（=定期率）

40%〜83%！

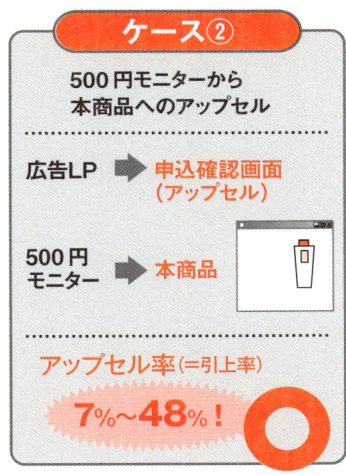

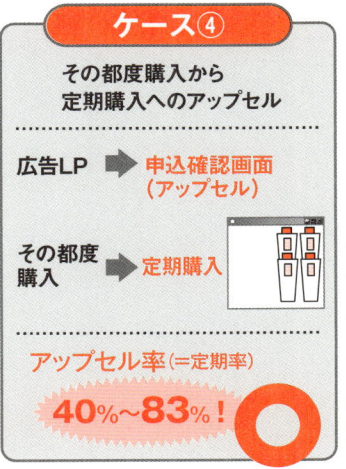

通販業界では、ネットで「無料モニターセット」からのツーステップマーケティングで「本商品」へ5％引き上げられれば十分と言われる中で、**〝メール配信前のこの段階〟なのに、これだけ引き上げることがどれだけ奇跡的なことか**ご理解いただけるかと思う。

重要なので、繰り返すが、**〝確認画面でアップセル〟は私のノウハウの中でも1番オススメする最高のテクニック**だ。

ネット広告の「引上率」「CPO」「購入単価」「年間購入回数」「年間購入単価（LTV）」「年間ROAS」などを改善して、膨大な売上と利益を上げたい方は、すぐに実行に移してみてほしい。

第5章

ネットで「クチコミ（友達紹介）率」を劇的に上げる方法

ランディングページの「いいね！　ボタン」は効果がない

どの通販会社も広告費を使わずに、自社商品をフェイスブック、ツイッター、ブログなど、ソーシャルメディアで拡散（クチコミ）させ、広めていきたいと思っている。そして、商品ページやランディングページに「いいね！　ボタン」や「ツイートボタン」を設置し、お客様がそこから拡散（クチコミ）してくれるのではないか、という淡い期待を抱き続ける。

実際、多くの通販会社が自社商品ページやランディングページに「いいね！　ボタン」や「ツイートボタン」を設置していたりするが、ほとんど拡散（クチコミ）されないのが現実だ。

たとえ何人か拡散（クチコミ）したとしても、それは社内の人間か、広告代理店の担当者か、制作会社か身内だけだと考えたほうがいい。

ニュース情報だったり、エンタメ情報だったり、iPhone/iPad のような画期的な商

ランディングページ内の「いいね！　ボタン」は効果なし

品だったりすると拡散（クチコミ）は起こるが、たかが通販商品、しかも自ら申し込んでいないよくわからない商品をお客様は自分のメディアに載せようとはしない。

ランディングページに「いいね！　ボタン」や「ツイートボタン」を設置しても意味がないのだ。

ランディングページを拡散（クチコミ）させるポイントは、お客様が自分のメディアの読者に伝えたいと思う**タイミングに、カンタンでお得な情報や役立つ情報**を提供できるようにすることだ。

お客様がクチコミしたくなるタイミングとは？

あなた自身が普段、リアルな世界で友達に何か商品をオススメするタイミングを思い出してほしい。

商品を申し込む前よりも、商品を申し込んだ後のほうが人にオススメしたくなるのではないか？

特に、女性は商品を申し込んだ自分を肯定したいという気持ちがある。自分が申し込んだその商品に対して、誰かに「いいね！」と言ってもらいたいのだ。

なので、**クチコミ率を上げるには、商品申込が完了したタイミングで「友達に紹介しませんか？」とお客様に提案することが重要**になってくる。

重要なので再度言う。

クチコミ率を上げるには、**商品申込が完了したタイミングで「友達に紹介しませんか？」とお客様に提案**することである。

「申込完了画面」を有効活用していないダメな例

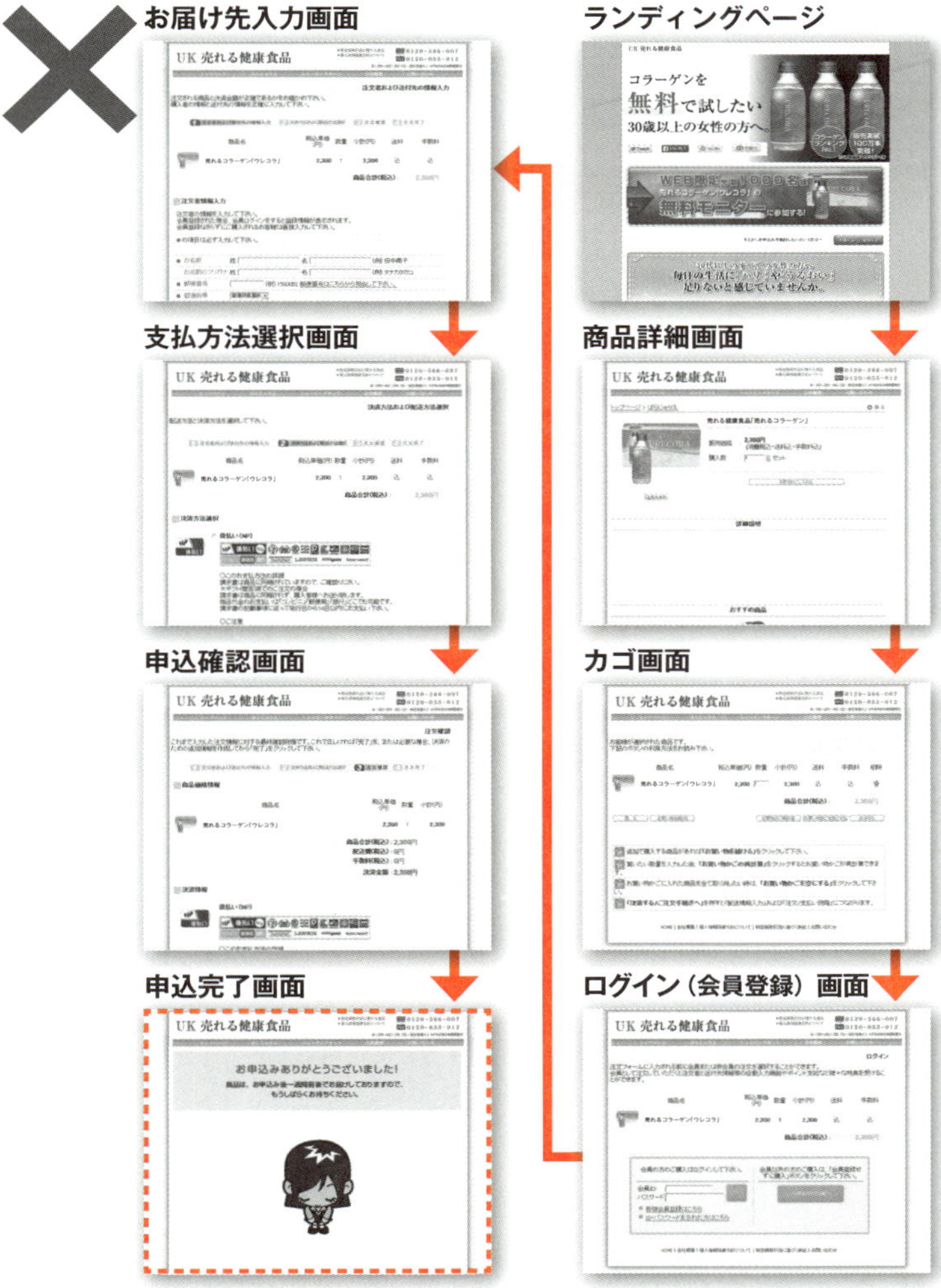

ネットでクチコミ率を上げたかったら“完了画面”を有効活用せよ

それでは、ランディングページではなく、どこでクチコミを狙えばいいかというと、**1番効果的なタイミングはお客様が申込をした後、つまり「申込完了画面」**である。

一般的に世の中の通販のランディングページでは、完了画面はお礼用のページでしかなく、結局「ありがとうございました」ということしか伝えていない。つまりそのページは1円もお金を生んでいないわけだ。

だから、このお金を生んでいない完了画面を有効活用して、友達紹介を提案すると、劇的にクチコミ率が上がるのだ。

劇的にクチコミを上げる〝完了画面で友達紹介〟はこれだ

まずは先に触れたとおり、ランディングページからショッピングサイトのカートにつなぐ構造をやめ、**ランディングページと「申込フォーム」を〝一体型〟**にしてしまうこと。

そして、お客様が申込フォームを記入したら、**その次にアップセル付きの「申込確認画面」があって、その次に「申込完了画面」があるというシンプルな構造**にすること。

最後に、申込完了画面では単純に「ありがとうございました」とお礼を言うだけで終わるのではなく、**友達紹介を狙う**のである。

たとえば、

「ありがとうございました。あなたのお友達にも無料モニターのことをお知らせしませんか？」

と友達に勧めること、紹介することを提案するのである。

そして、その下に**「メールからお知らせする」「ソーシャルネットワークで共有する」「ブログで紹介する」**などそれぞれのお客様が使っているメディアに合わせて紹介ルートを選ばせるのだ。

そこにサンクスページへスクリプトを埋め込んだアイコンを設置することで、各アイコンを押すと、**カンタンにワンクリックで**メールやソーシャルメディア上に指定した文章とURLをクチコミすることができ、劇的にクチコミ率がアップする。

当然ながら紹介された側の友達が申込をすれば、そのランディングページの申込完了画面にもまた友達紹介の提案が入る。その友達がまた紹介をすれば、どんどん友達紹介（クチコミ）の連鎖が起きていくのだ。こうすると、半永久的に拡散（クチコミ）していくのである。

しかも、**計測用のURLを設定しておけば、そこからの広がりの効果測定**も可能だ。

繰り返すが、申込完了画面に友達紹介を入れることで、ランディングページはどんどん拡散され、クチコミ率が上がる。

「申込完了画面」を有効活用した例

○

ランディングページ

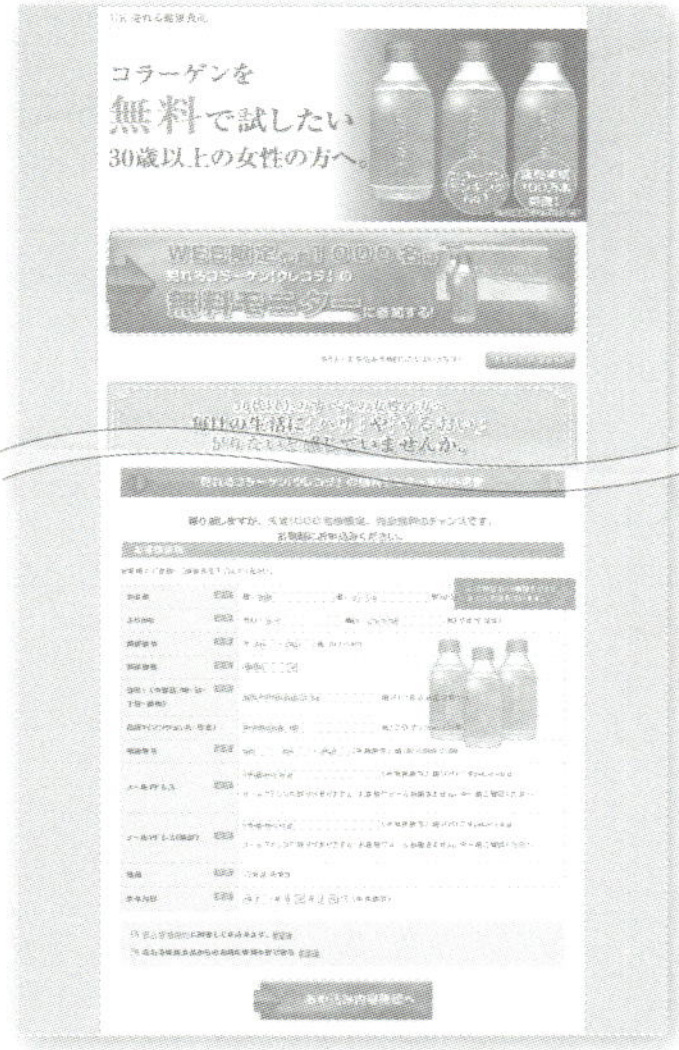

申込確認画面

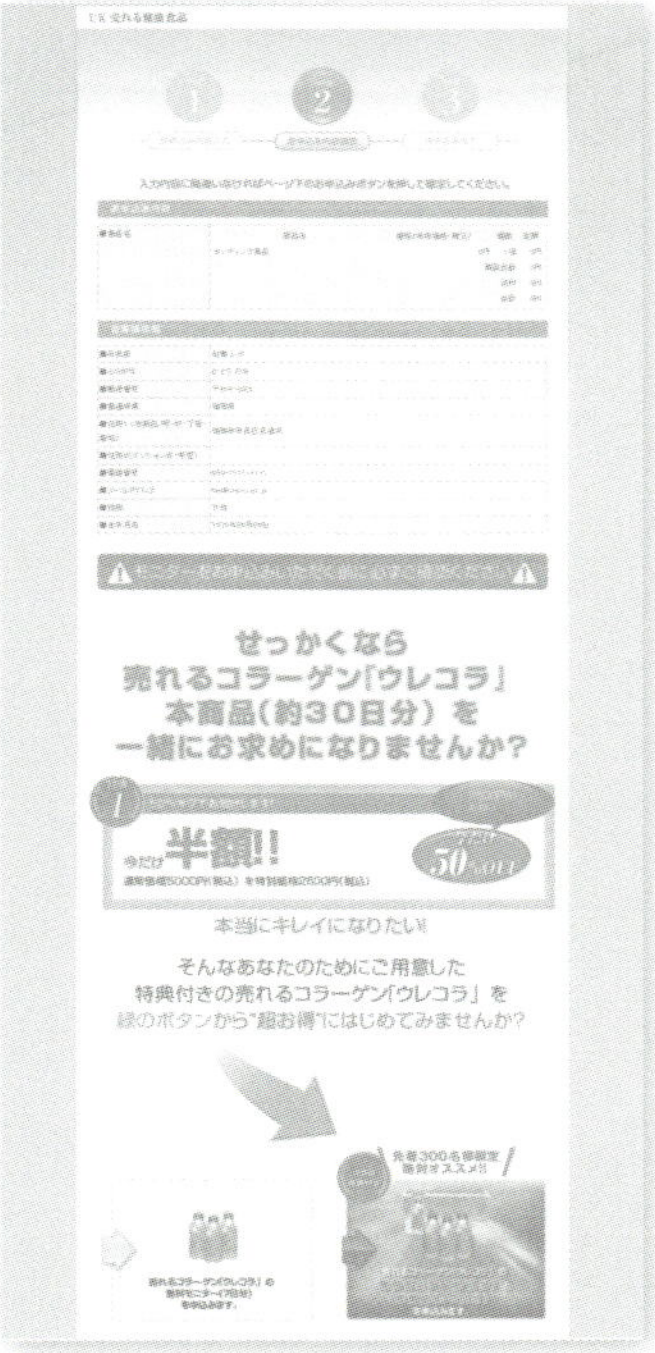

申込完了画面

ただ、最後に1つ注意事項として、この戦術とあまり相性のよくない商材があることも伝えておきたい。

それは、ネガティブ系の商材すなわち、**コンプレックス系の商材**だ。

たとえば髪が薄くなった人が「育毛剤」を申し込んだ場合、あまり自分でそれをソーシャルメディア上に載せたくないだろうし、メールで「育毛剤」や「ニキビ薬」の紹介をされた友達はあまり気分がよくないだろう。

しかし、**「化粧品」や「健康食品」では抜群のクチコミ効果を生み出すテクニック**なので、ぜひとも実施して、さらなる全体的な売上アップにつなげていってほしい。

まとめ

広告専用ランディングページ

ここに書籍用の「ランディングページ」のリンクが入っているので活用いただきたい。

www.ureru.co.jp/book

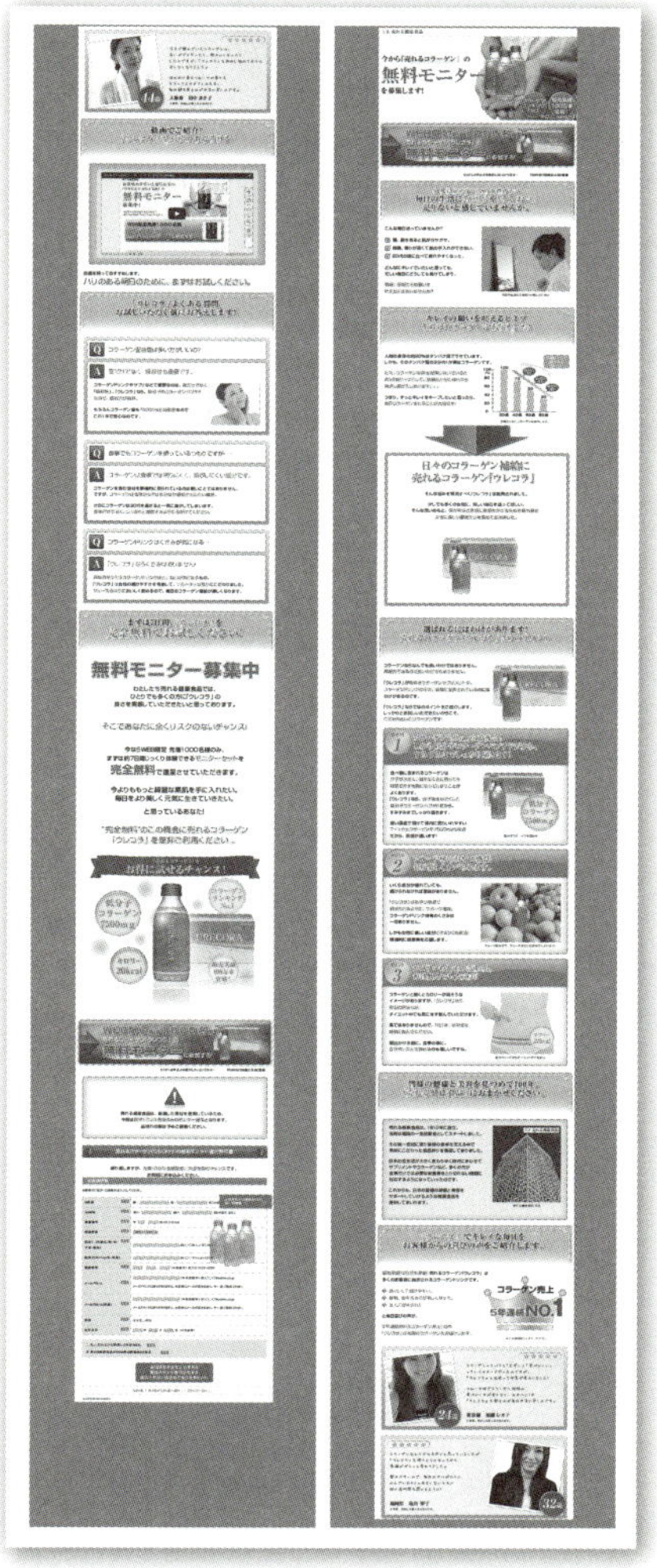

www.ureru.co.jp/book2

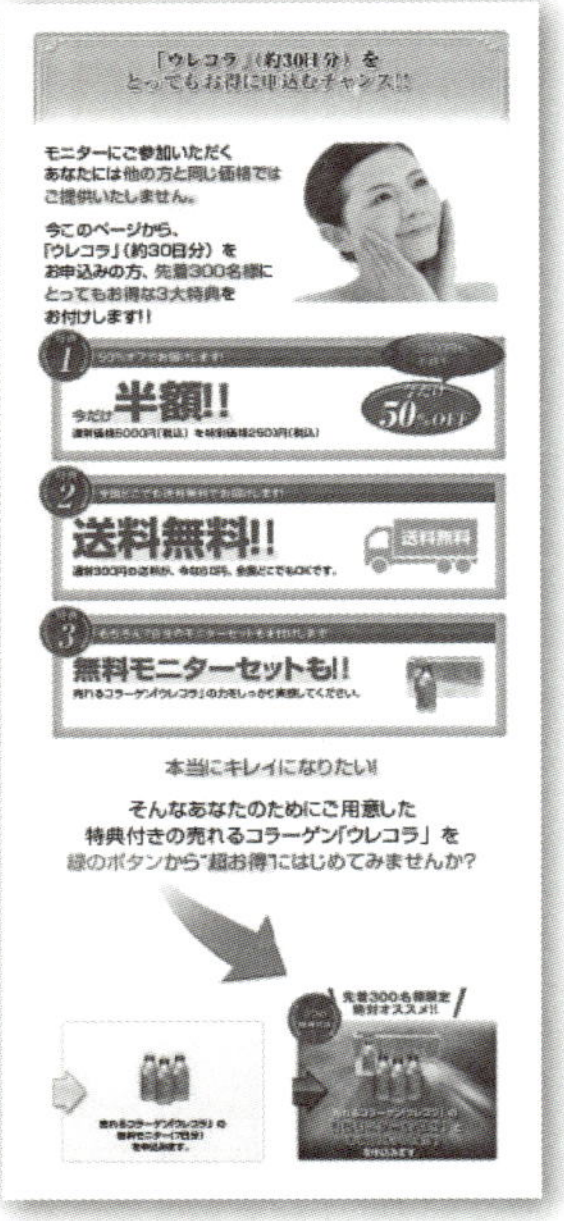

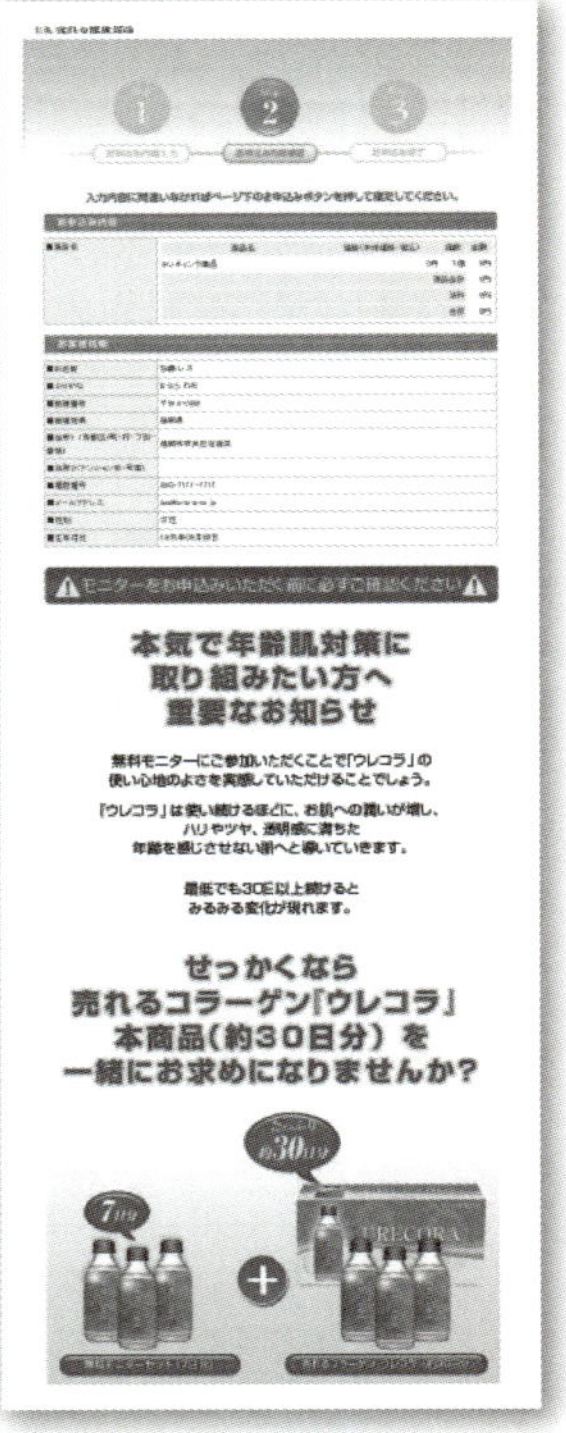

「申込確認画面」でアップセル

www.ureru.co.jp/book3

「申込完了画面」で友達紹介

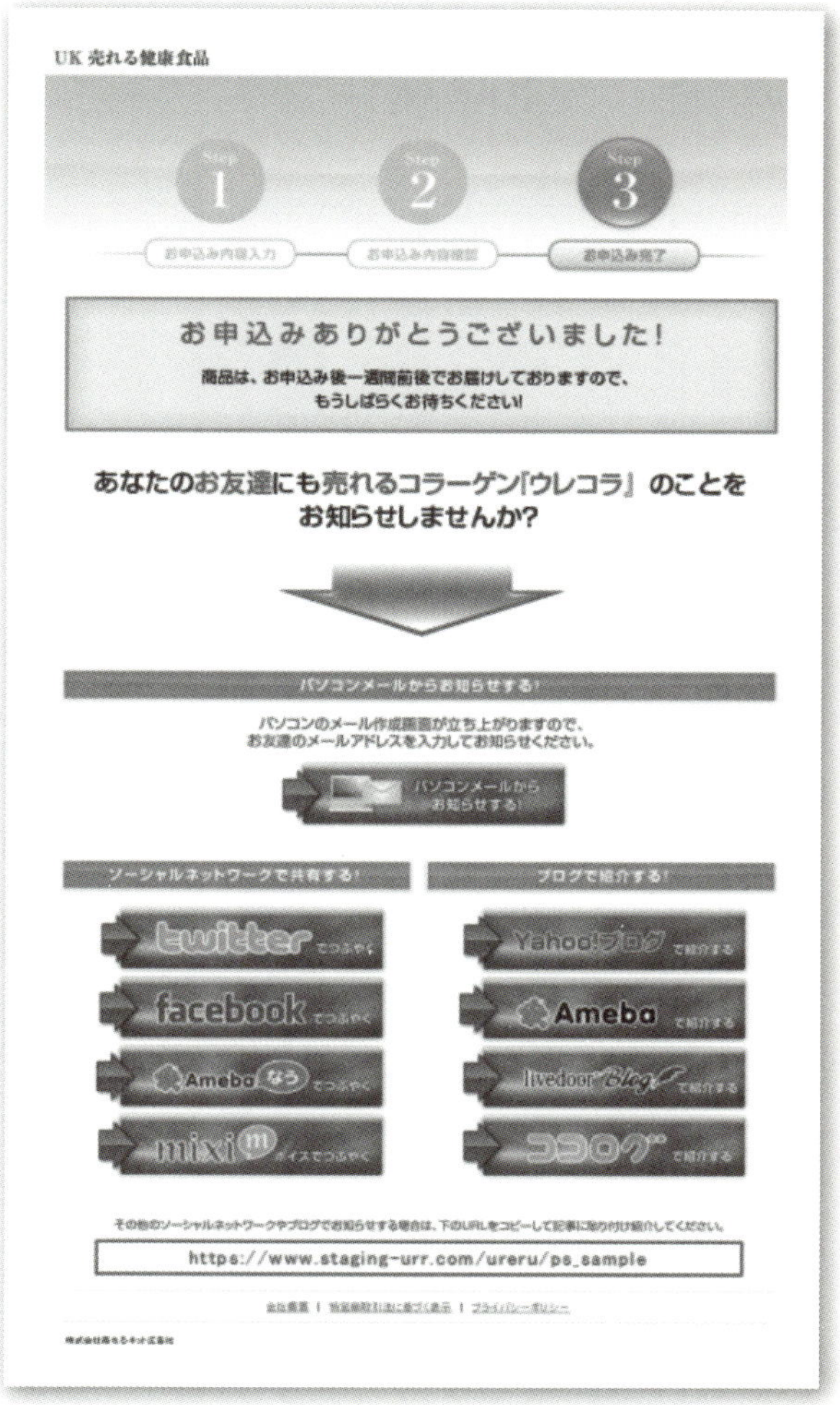

日本で大成功している通販会社は第３～５章の内容を実行

仕組み化

＝

最適化されたランディングページ

を実施して大成功している！

第6章

100%確実に「レスポンス率」を上げ続ける方法

クリエイティブを絶対に〝水物〟にしてはならない

ネット広告の効果を瞬発的に上げる方法は第5章までにお伝えしたとおりだが、実はネット広告のクリエイティブはある理論で計画していけば、ズバリ**「100％確実にレスポンス率を上げ続ける」**ことができる。

今回は、その**最強のクリエイティブ理論**を具体的に紹介していく。

たとえ広告賞を受賞するクリエイティブでも、レスポンス率が高くなければゴミだ。ネット広告のクリエイティブは、要は「売れるかどうか」「レスポンス率が上がるかどうか」という結果がすべてである。

何よりも大切なのが、**レスポンス率を上げ続けること**である。キャンペーンをやるたびに、毎回レスポンス率が上がり続けるようなクリエイティブづくりをしていくことが1番重要だ。

キャンペーンごとにレスポンス率が上がったり、下がったりする運任せ的なクリエイティブは極力避けたい。

クリエイティブを絶対に水物にしてはならないのである。

しかし、レスポンス率を毎回上げ続けるようなクリエイティブをつくることは広告のプロでも至難の業。だからこそ、売るためのクリエイティブをつくるときにはとても慎重にならなければならない。

なるべくレスポンス率が低下するリスクを省き、堅実にレスポンス率を上げていくクリエイティブづくりをしていく必要がある。

これから説明する**クリエイティブの最適化理論**を実施すれば、キャンペーンごとに**毎回100%確実にレスポンス率を上げ続ける**ことができる。

オリンピックに予選なしで選手を派遣する国はあるか?

まず、キャンペーン効果を最大化するには、必ず事前にクリエイティブテストをして、レスポンス率の1番高いクリエイティブ(広告原稿とランディングページ)に絞り込むべきである。

ネット広告は最高に正確なA/Bテスト(スプリットランテスト)ができる媒体なので、そこを有効活用すべきだ。

たとえば、キャッチコピー1つとっても、レスポンス率には最大2~3倍の違いが実は出てくる。

クリエイティブにより最大3倍の違いが出るとすると、CPAが1000円なのか3000円なのかの違いとなる。

仮に1000万円を使って広告キャンペーンを行う場合は、申込数に1万件か33

A／Bテストとは？

**同じ条件で、複数の広告クリエイティブを露出し、
その反応から、
最も効果の高いクリエイティブを測定するテスト**

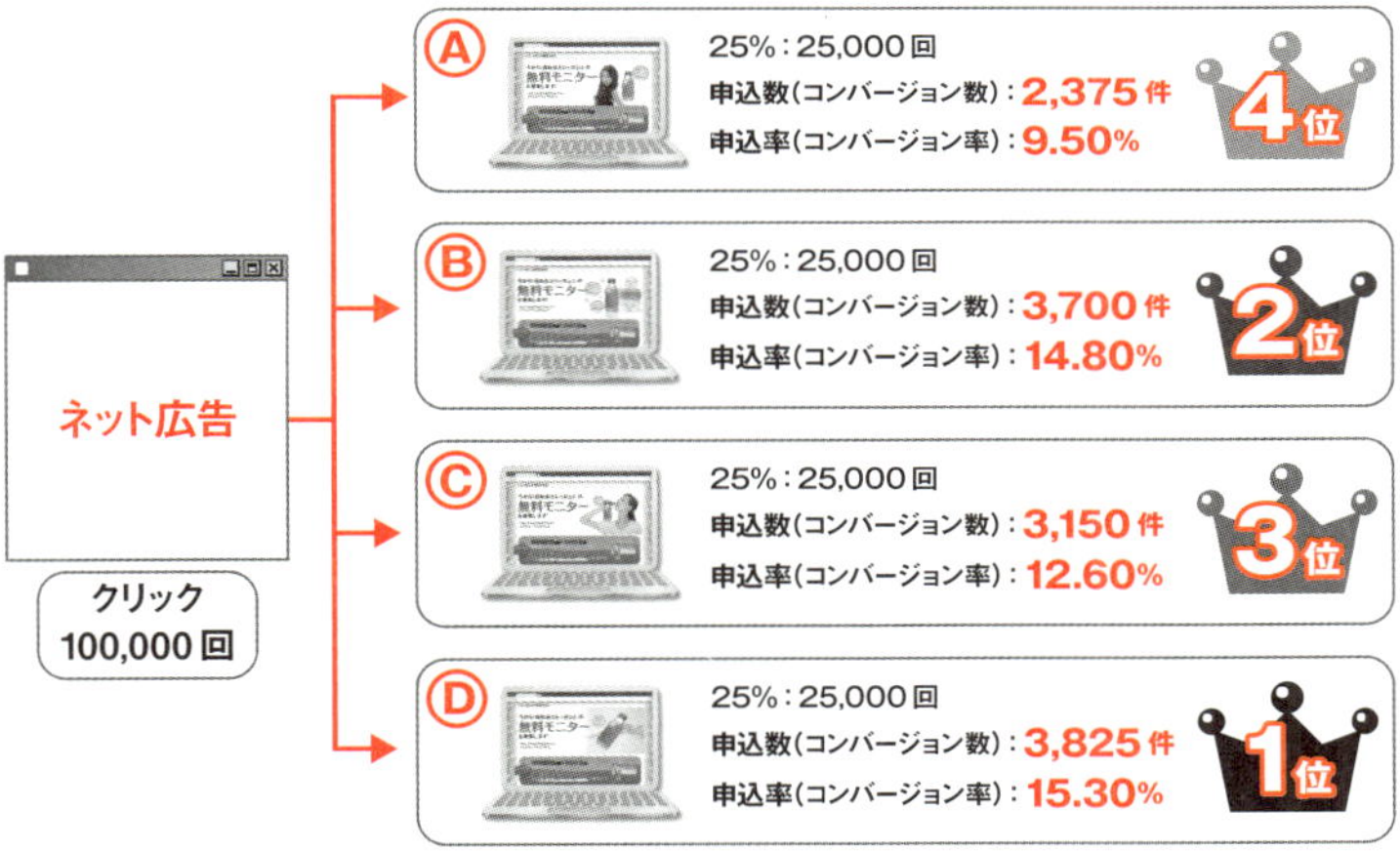

33件の違いが生まれる。

そんな中、1つのクリエイティブを決め打ちでつくり、いきなり大規模なキャンペーンを行うのはもったいないし、リスクが高すぎる。

ネット広告では一般的に、1つの媒体メニューに4〜8つくらいまで同時入稿＝同時掲載ができるため、**キャッチコピーのみを変更した広告原稿とランディングページ**をつくり、テストを行う（この場合、**過去につくったクリエイティブで1番よかったものも**

広告予算の約10%を使った事前の「クリエイティブテスト」

キャンペーン本番前にクリエイティブを徹底的に A/B テストする!

たとえ小さい規模のA/B テストであっても、特定のランキングがついたクリエイティブは、大きい規模(キャンペーン本番)になっても、ほぼ 99%の確率で同じランキングになる。キャンペーン本番前に徹底的にテストをして、レスポンス率の1番高いクリエイティブに絞り込む

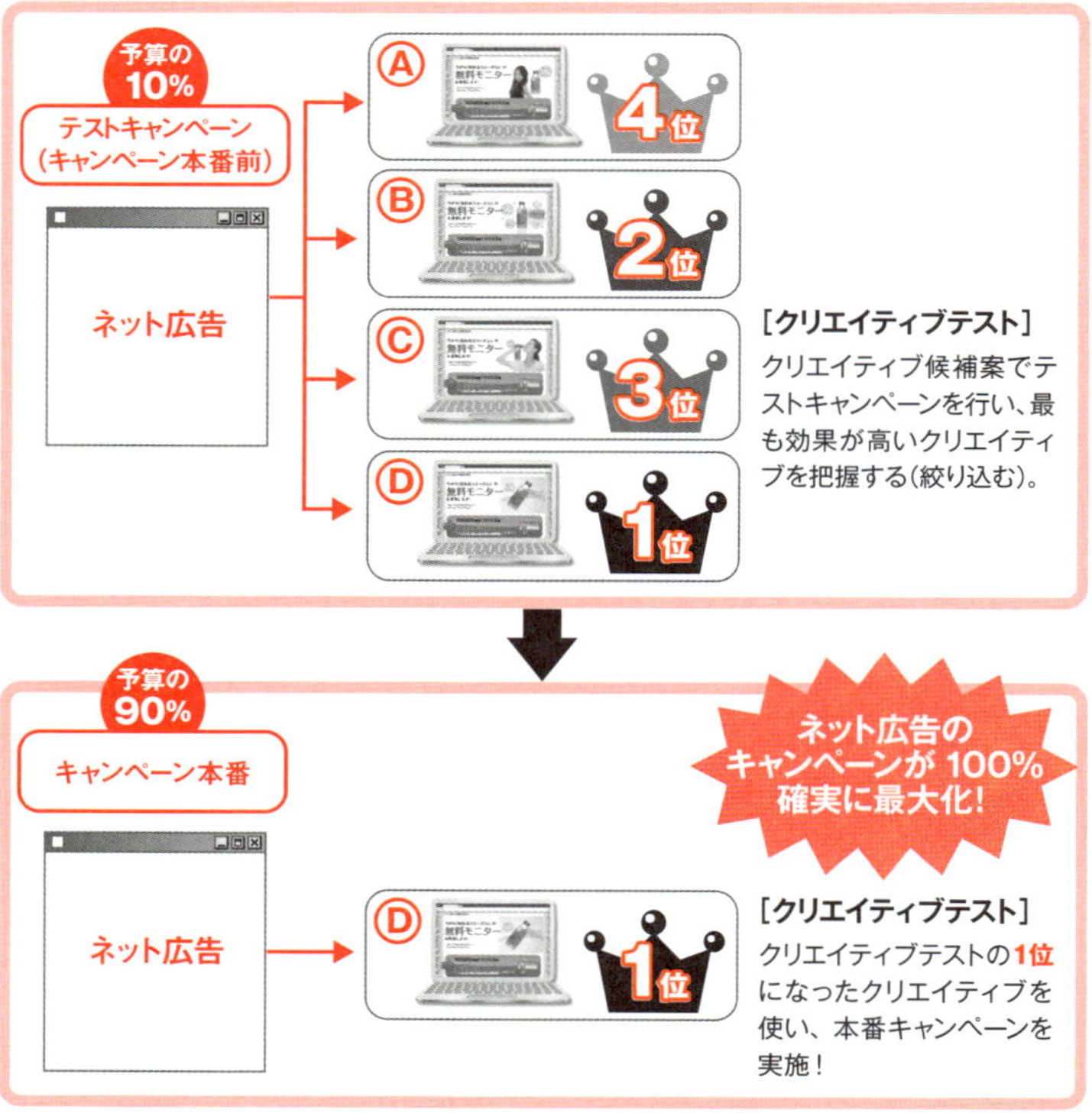

テストの中に入れる。これはクリエイティブの質が上がったか下がったかを把握するため）。

その中でも特にレスポンス率がよかった**トップ１位のクリエイティブ**に絞り込み、本番のキャンペーンに挑む。これが事前クリエイティブテストである。

ズバリ、小さい規模（テスト）で特定のランキングがついたクリエイティブは、大きい規模（キャンペーン本番）になっても、ほぼ99％の確率で同じランキングになる。

仮に１０００万円の広告予算があれば、**約10％の１００万円ほど**を使い、事前にクリエイティブテストを行うべきだ。

あらゆる通販会社は、このテストというわずかな費用を惜しんだり、広告主担当者や広告代理店のクリエイティブディレクターの感性によってクリエイティブを選定してしまうので、大規模キャンペーンで失敗して、巨額の損失を招くことが多い。

たとえるとスポーツの予選みたいなもの。オリンピックでも、好みで適当に選手を選定して、その選手をオリンピックに派遣する国は１つもないはず。

クリエイティブの評価は会議室で決まるのではない。**お客様が決める**のだ。

最高にレスポンスの高いクリエイティブは、強い〝要素〟の単純な組合せ

今度は中長期的な観点でクリエイティブについて話してみよう。

実はネット広告のクリエイティブのレスポンス率を上げ続けるには、**レスポンス率の高かった広告原稿とランディングページの〝マイナーチェンジ〟を行い続けることが大原則**である。

今までの広告業界では、「1つのクリエイティブプランを1つの完結された作品」として見てきた。

たとえば、「クリエイティブとは、高いアイデアとセンスで総合的にプランニングすることだ」といった発想である。

あえて広告代理店がそういう説明の仕方をしてきた。

だから、1つのクリエイティブプランを試してレスポンス率が悪いと、その作品自体が悪いということで、まったく新たなクリエイティブプランを作成してきた（そし

てまたレスポンス率が悪く、失敗するケースも……）。

しかし、ここには大きな間違いがある。

ダイレクトマーケティングのクリエイティブ、とりわけネット広告のクリエイティブでは、そんなことはまったくない。

いや、**むしろ逆**なのだ。

ネット広告では、**「強いキャッチコピー・強い写真・強いデザイン」**など、**要素の単純な組合せがレスポンス率を左右している」**と考えるべきである。

そう相性なんか関係ないのである。

単純な組合せの問題なのである。

つまり、１つのクリエイティブプランの要素を分解して、**「どのキャッチコピーや写真やデザインなどの要素を組み合わせたら最強の組合せになるか」を統計学的に模索する**ことがネット広告のクリエイティブのレスポンス率を確実にアップさせる方法

レスポンスを上げ続ける方法

最高にレスポンスが高いクリエイティブを
100%確実につくるにはズバリ、

- ▶「No.1 のキャッチコピー」
- ▶「No.1 の写真」
- ▶「No.1 のデザイン」

など、あらゆる**No.1の要素**を、**"単純に組み合わせれば"**いい！

である。

私がご提案するクリエイティブの考え方は、極めてシンプルだ。

最高にレスポンスが高いクリエイティブを100%確実につくるにはズバリ、

・「No.1のキャッチコピー」と
・「No.1の写真」と
・「No.1のデザイン」

など、**あらゆるNo.1の要素を〝単純に組み合わせれば〟いい**のである。

この理論を**〝クリエイティブ最適化〟**と呼ぶ。

クリエイティブを最適化し、100％確実にレスポンス率を上げ続ける5つのステップ

〝クリエイティブ最適化〟をするためには、レスポンス率が上がる要素、つまり**強い要素を正確に把握**する必要が絶対にある。

そのために、ネット広告のクリエイティブテストを行う際には、強い要素が特定できるように、**A／Bテスト（スプリットランテスト）**を行うべきである。

具体的な〝クリエイティブ最適化〟の手順は次のとおり。

今回は実際に弊社のクライアント（黒酢通販）が行ったケーススタディをご紹介しよう（クライアント名は非公表なので、会社ロゴとパッケージを変えているが、実際に行ったテストである）。

▼Step❶

仮に1つのクリエイティブ（バナーとランディングページ）があったとすると、「キャッチコピー」「写真」「デザイン」の3要素に分解する。

その要素に対抗する「キャッチコピーの新規案」「写真の新規案」「デザインの新規案」を複数用意する。

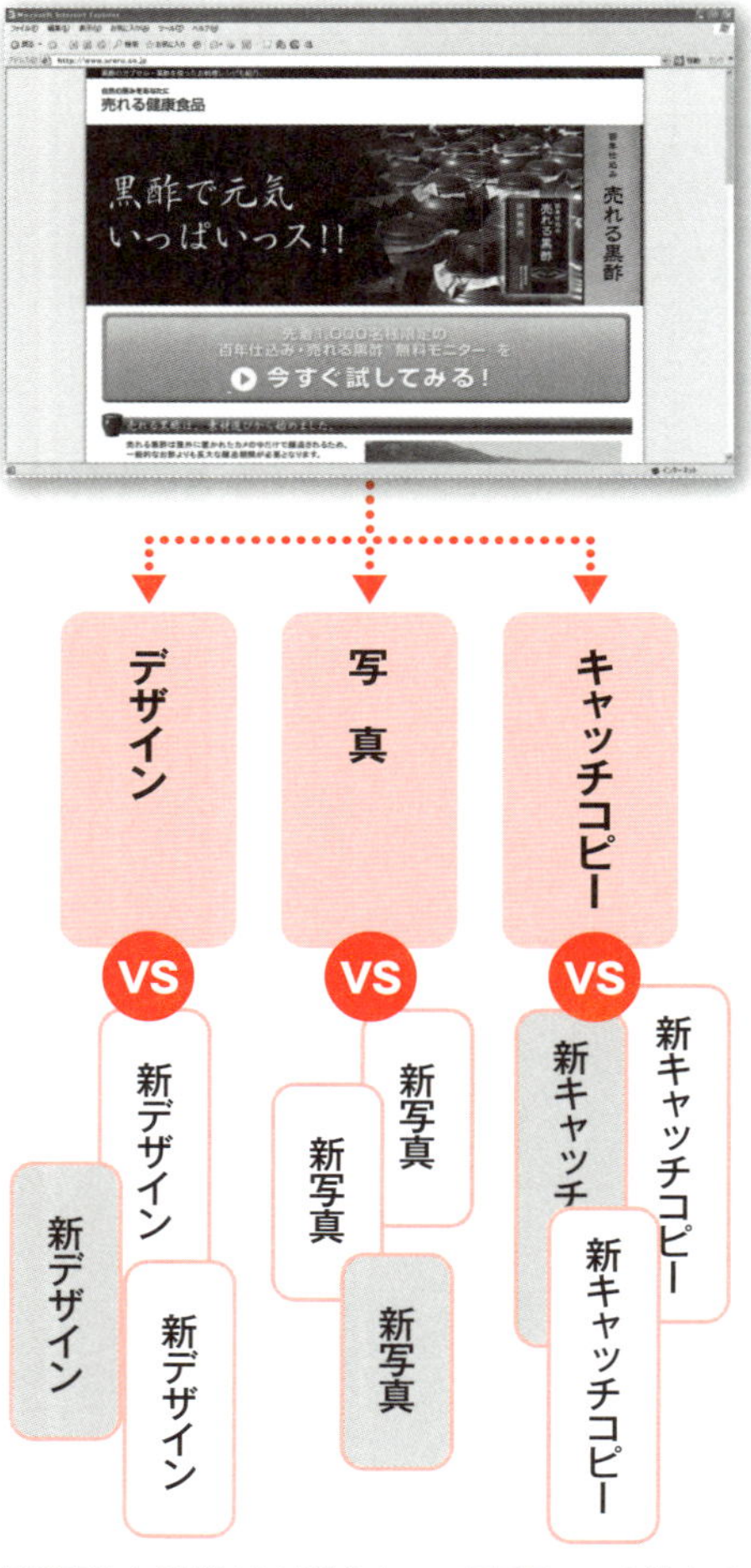

※要素は上記だけとは限らない。毎回テーマを決めてどの要素をテストしたいか判断する。

▼Step❷

まずは「キャッチコピー」要素のみを変えたクリエイティブを制作し、A／Bテストをして、1番強い「キャッチコピー」を把握する（キャッチコピーテスト）。

キャッチコピーA

キャッチコピーB

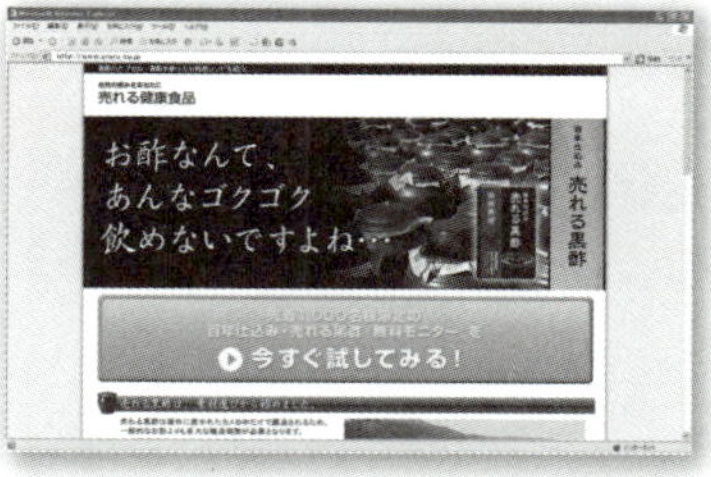

キャッチコピーC

キャッチコピーD

No.1

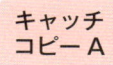

▼Step❸

次に「写真」部分だけを変えたクリエイティブを制作し、A／Bテストをして、1番強い「写真」を把握する（写真テスト）。

写真 A

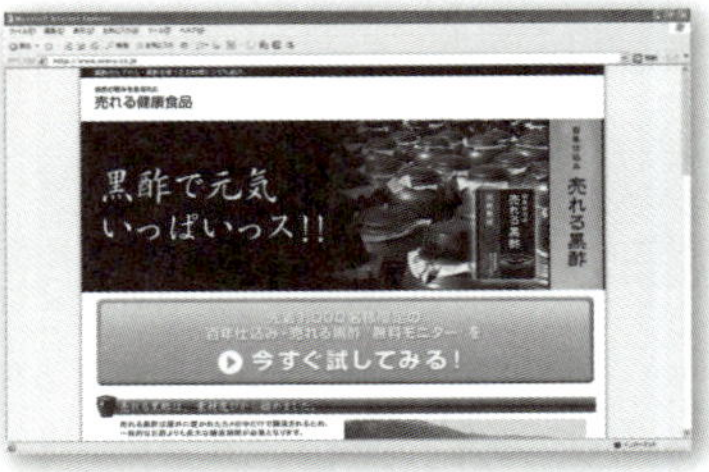

写真 B

No.1

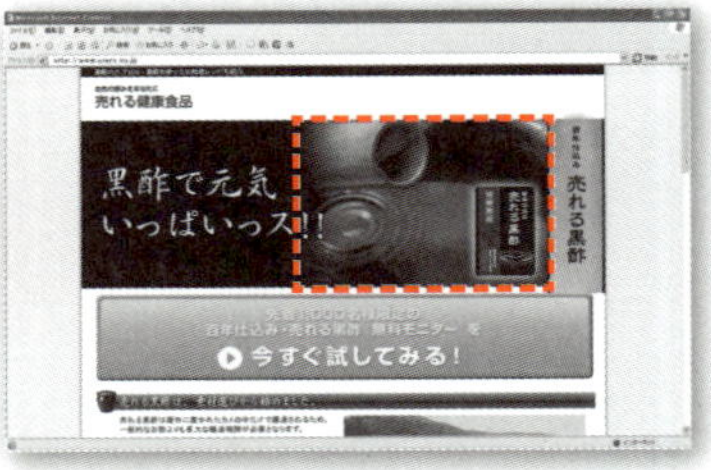

写真 C

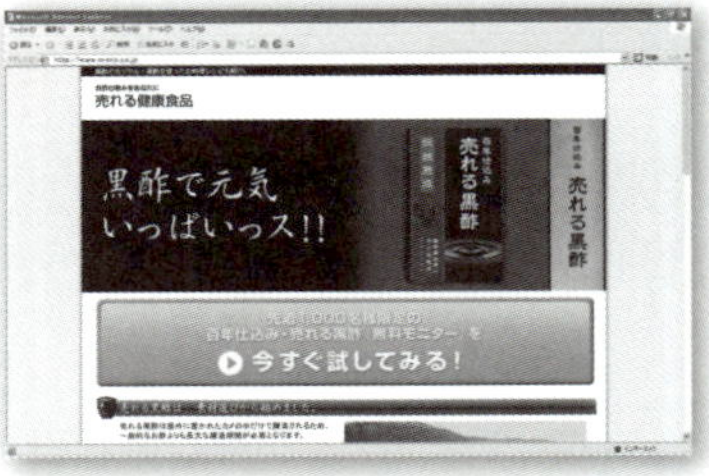

写真 D

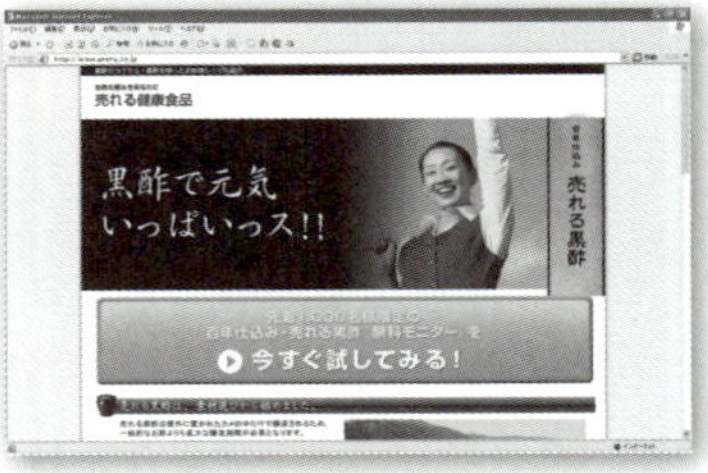

▼Step❹

次に「デザイン」部分だけを変えたクリエイティブを制作し、A／Bテストをして、1番強い「デザイン」を把握する（デザインテスト）。

デザインA

デザインB

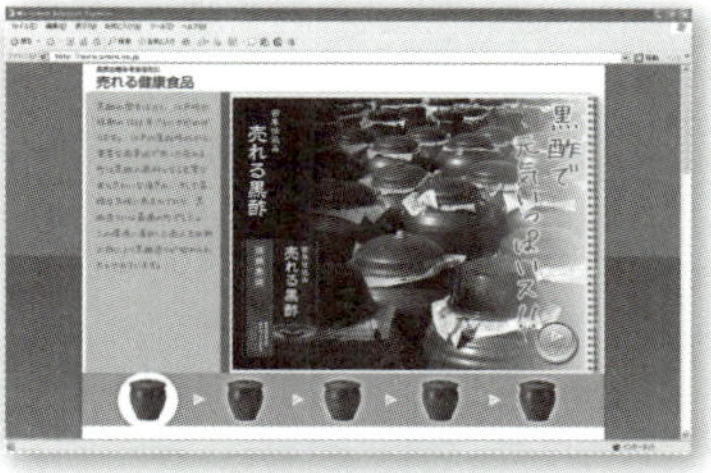

デザインC

No.1

デザインD

▼Step5

1番強い「キャッチコピー」と1番強い「写真」と1番強い「デザイン」を単純に組み合わせて次回のクリエイティブを制作すると、〝最強のレスポンス率〟になる。

各要素のA/Bテストで1位になったものを単純に組み合わせるだけで、広告効果は100%確実に上がる！

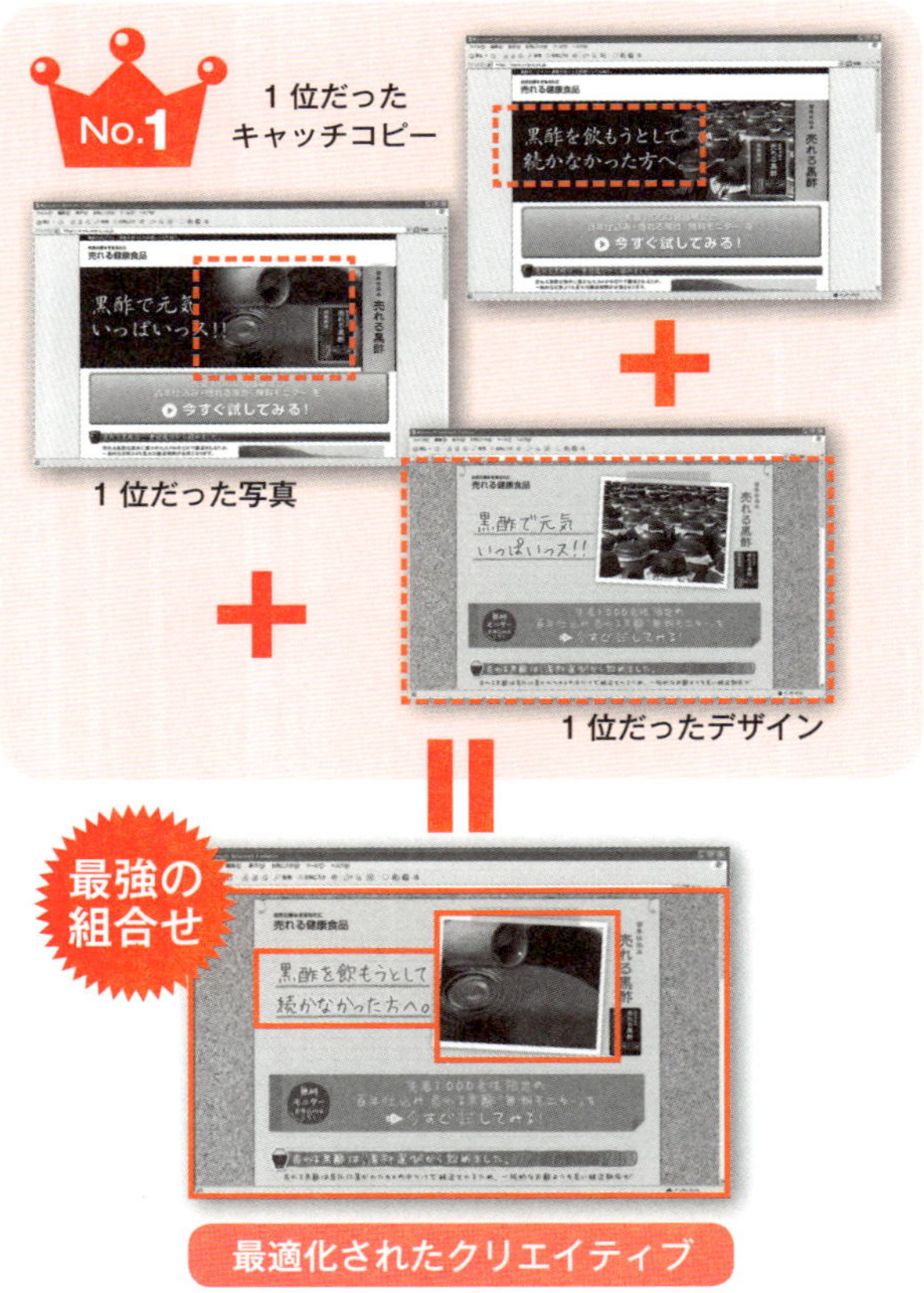
No.1
1位だったキャッチコピー
黒酢を飲もうとして続かなかった方へ。
1位だった写真
黒酢で元気いっぱいっス!!
1位だったデザイン
最強の組合せ
売れる健康食品
今すぐ試してみる！
最適化されたクリエイティブ

※ここで重要なのは、**キャッチコピーテストを行う場合、キャッチコピー部分しか変えない**ことである。

同時に写真やデザインも変えてしまったら、「キャッチコピーがよかったのか？写真がよかったのか？」がわからなくなってしまうからである。

※要素は「写真」や「キャッチコピー」「デザイン」に限らない。「アイコン」や「本文」や「オファー」や「フォーム」など、毎回テーマを決めてＡ／Ｂテストを行うべきだ。

これを立体的に見ると、182ページのようになる。

見てのとおり、単純に１番強い要素を組み合わせる（ガッチャンコする）作業である。

一見乱暴に見えるかもしれないが、驚くほどレスポンス率が上がり続ける、これが！

立体的に見る「最適化されたクリエイティブ」

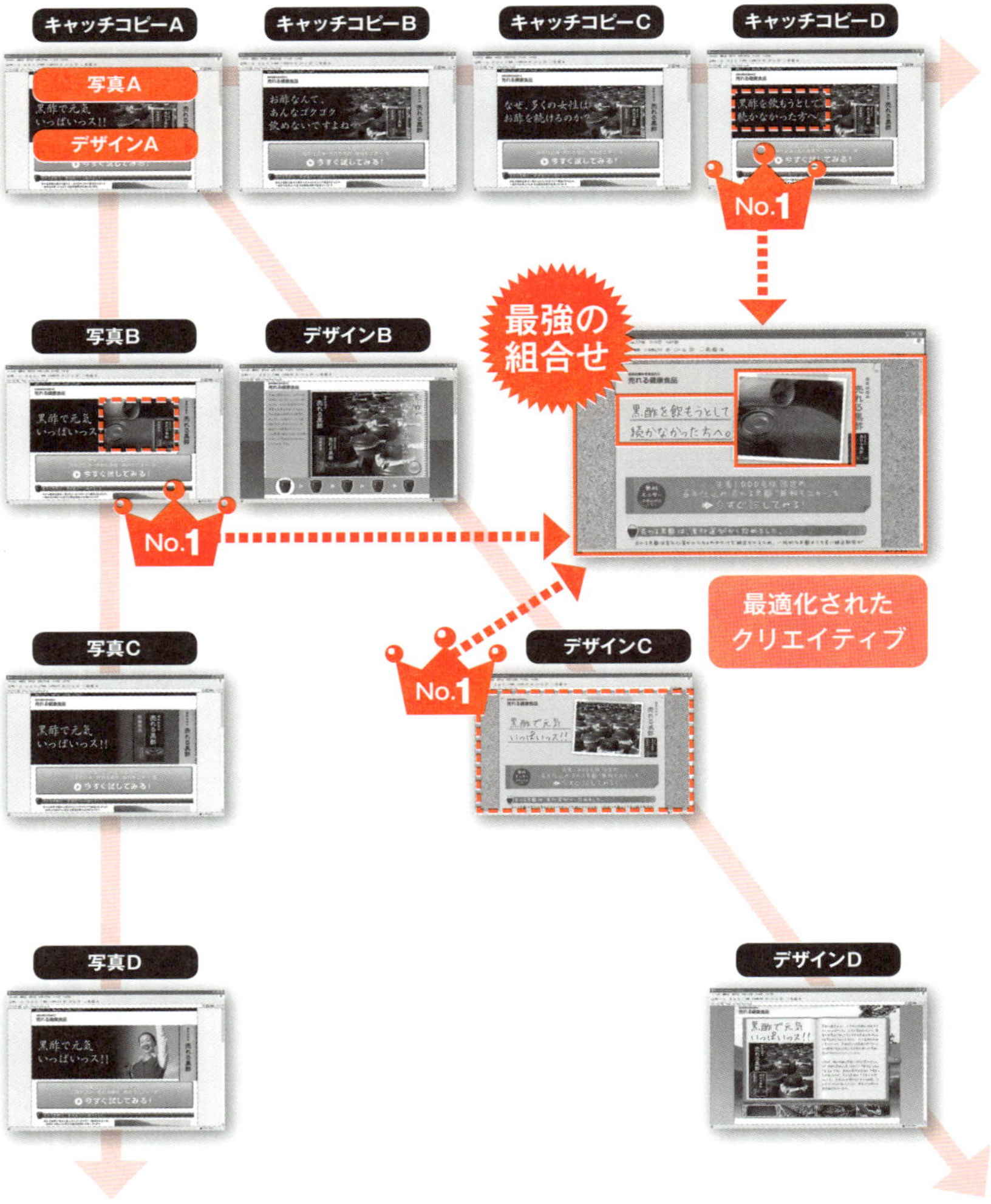

過去にどれくらい上がるのかを検証してみたことがあるが、このクライアントで、キャッチコピーテストを行った結果、「キャッチコピーA」に比べて**「キャッチコピーD」で約2倍**レスポンス率が上がり、写真テストを行った結果、**「写真A」に比べて「写真B」で約2倍**レスポンス率が上がった。

デザインテストを行った結果、「デザインA」に比べて**「デザインC」で約1・5倍**レスポンスが上がった。

その1番強かった「キャッチコピーD」と「写真B」と「デザインC」を組み合わせた（ガッチャンコした）ところ、なんと元のクリエイティブに比べてレスポンス率が約6倍上がったのだ。

つまり、**2倍×2倍×1・5倍＝約6倍**になったのだ（正確には約5・7倍）。

クリエイティブのレスポンス率は統計学なのである。

芸術志向の広告代理店のクリエイターがこの理論を聞いたらものすごく怒るだろう。

でも、よく考えてほしい。

サッカーの日本代表も結局は各チームの1番強い選手を組み合わせる（ガッチャン

コする）作業である。

野球のオールスターなどもそう。

つまり、各ポジションで1番強い選手を全部組み合わせたら、最強のドリームチームになるのだ。

日本代表はもちろん、ブラジル代表もイタリア代表も、結局は〝最適化〟でできているのだ。

広告クリエイティブも所詮そんなもので、強いもの同士を組み合わせ、最適化したら最強になるのだ。

ネット広告のレスポンス率を上げ続けたいなら、必ずこの考えに基づいてクリエイティブをつくるべきである。

要素の組合せの改善こそが、レスポンス率を上げ続ける1番確実（および堅実）な方法なのだ。

何度も言うが、この理論に基づいてクリエイティブをマイナーチェンジし続けていけば、確実にクリエイティブのレスポンス率は上がり続ける。

ズバリ、私は**〝クリエイティブ最適化〟により、担当した全クライアントのクリエイティブプランのレスポンス率を１００％確実に上げ続けてきた。しかも毎回だ。**

「ネット広告のクリエイティブはアイデアのよさ、つまりは芸術的発想では確実にレスポンス率を上げ続けることは難しい」

「ネット広告のクリエイティブは要素の組合せ、つまり統計学的発想で確実にレスポンス率は上がり続ける」

これらを肝に銘じてほしい。

第7章

「引上率・リピート率」を驚異的に上げる方法

通販会社のほとんどのCRMは「ゴミ」

ネットで売上を最大化して、儲けるための仕組みは、第1章で触れたとおり、

①広告で多くの「見込客」を効率よく集める「高いレスポンス」
←
②その見込客に購入してもらい、「既存客」にする「高い引上」
←
③既存客に何度もリピート購入してもらい、「固定客」にする「高いリピート」

という3つのステップを継続的に行うことである。

成功している企業は、たとえどんな業種であろうと、この3ステップに沿ってネットマーケティングを行っている。

でも、世の中の通販会社のほとんどは、「レスポンス」を上げるための広告に関してはものすごく力を入れているくせに、**１番重要な「引上」「リピート」を上げるためのＣＲＭ（フォロー活動）はゴミ同然の施策しかやっていない。**

広告でかろうじて獲得したお客様に、ワンパターンにしつこく宣伝くさいメルマガを配信し続け、そこから何度も何度も本サイト（ＥＣサイト）へ誘導している。

これってマーケティング？　それともストーカー行為？

こんなバカでもできる施策をやっているから、引上率もリピート率も低いのだ。

だから、ＣＲＭが失敗するのだ。

メルマガなんか明日からやめてしまえ

まずはCRMにおける「メール」の部分についてお伝えしよう。

統計的に、ネットで初回申込をしたお客様の8~9割は2回目以降もネットで引き上がるし、リピートする。

だから、ネットにおけるCRMではメールマーケティングが1番重要だ。

ただし、企業から送られている多くのメルマガは、実は**即ゴミ箱行きの運命**をたどっている。

多くの企業はお客様に、あらゆる商品を羅列した宣伝くさいゴミのようなメルマガを一斉配信して、お客様に無視され続けている。

ここではっきり言おう。

ズバリ、**「メルマガ」なんか明日からやめたほうがいい!**

メルマガをやめ、フォローメールへ

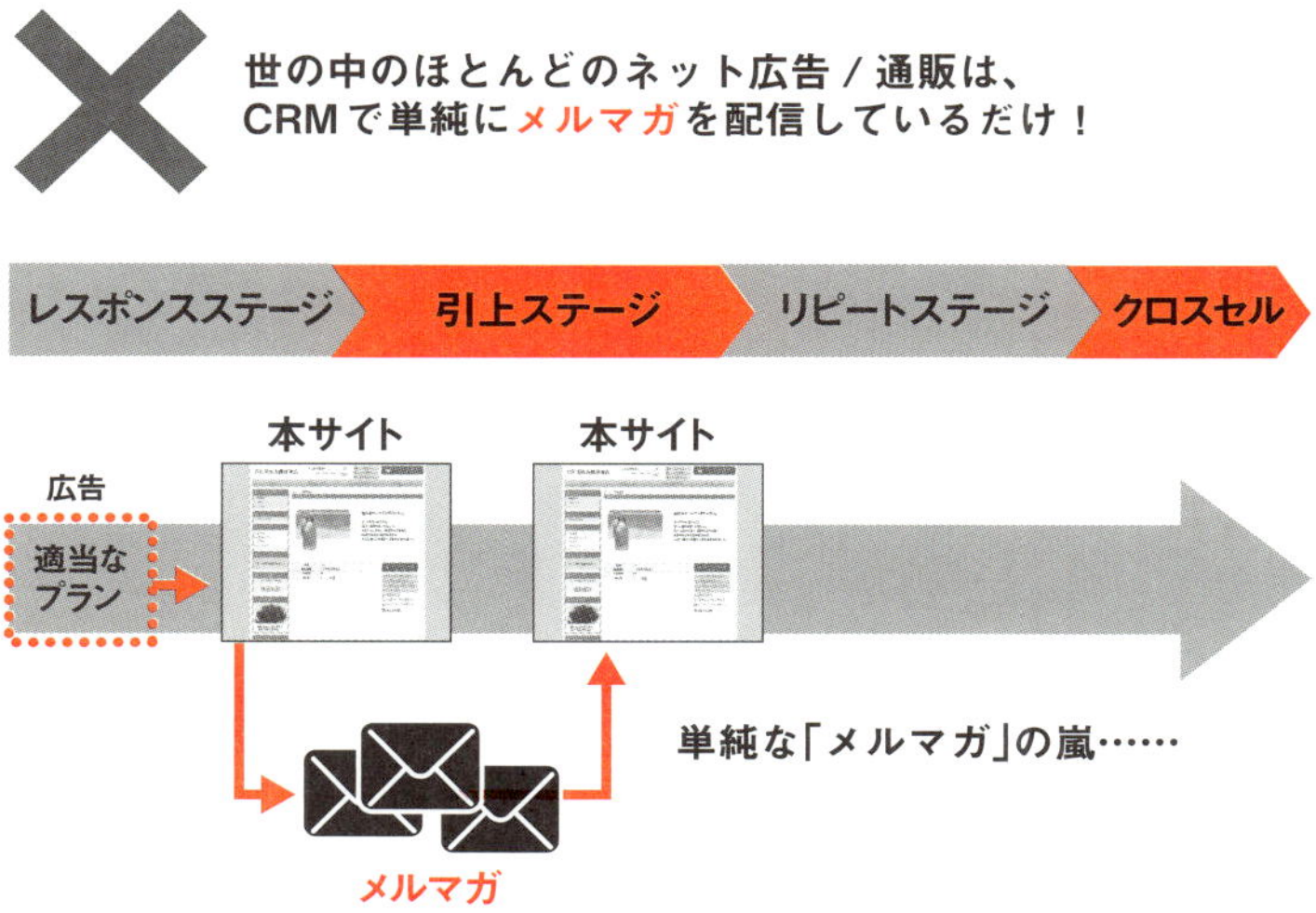
世の中のほとんどのネット広告／通販は、
CRMで単純にメルマガを配信しているだけ！
レスポンスステージ
引上ステージ
リピートステージ
クロスセル
広告
適当なプラン
本サイト
本サイト
単純な「メルマガ」の嵐……
メルマガ

もっと言うと、**メルマガをやっている通販会社ほど大失敗**している。今どきのお客様は誰もメルマガなんか読まないのだ。

メールマーケティングとは、お客様にタイミングよく配信し、開封して読んでもらい、リンクをクリックし、ランディングページから申し込んでもらって初めて効果を出すのである。

効果的なネットCRMをするためには、メルマガ発想をやめ、**〝フォローメール発想〟**に切り替える必要があるのだ。

CRMで「本サイト（ECサイト）」へ誘導するからみんな失敗する

第3章で触れたとおり、大原則として、ネット広告から誘導するサイトは、本サイト（ECサイト）ではなく、必ず商品ごとに完全に独立した「ランディングページ」にすべきである。

たとえば、商品Aでネット広告を打ったら、そのリンク先のランディングページでは商品Aしか買えないページにすること。

選択肢を与えず、余計な情報は省いて必要最低限のコアな情報だけ提供し、**その1つの商品を売ることとのみに集中したページ**を制作することだ。

実際、最近は多くの通販会社が、ネット広告を投下する「レスポンスステージ」においては「ランディングページ」を制作している。

ただし、仮に「レスポンスステージ」で「ランディングページ」を制作していても、

本サイト発想からランディングページ発想へ

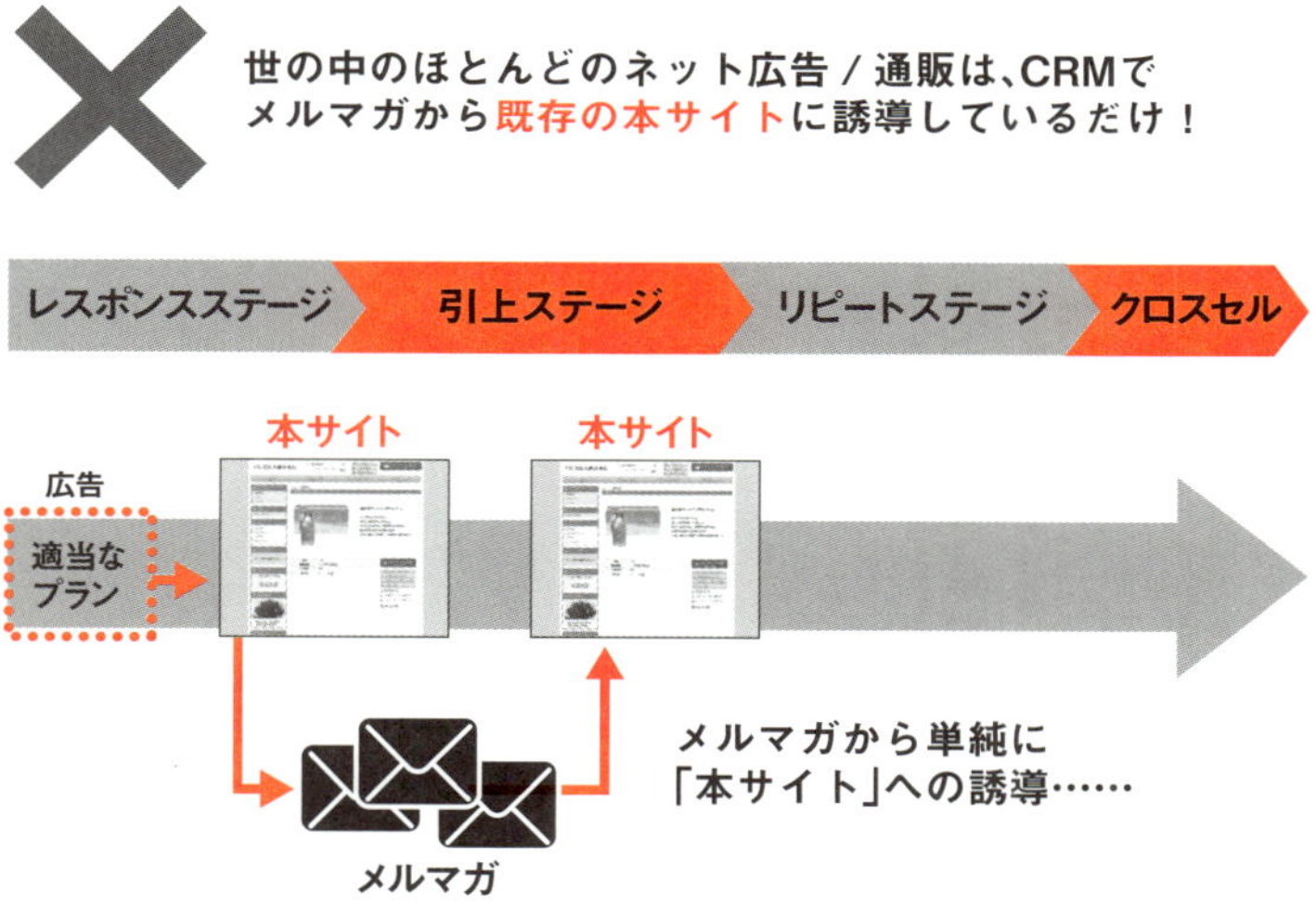
世の中のほとんどのネット広告／通販は、CRMでメルマガから既存の本サイトに誘導しているだけ！
レスポンスステージ
引上ステージ
リピートステージ
クロスセル
本サイト
本サイト
広告
適当なプラン
メルマガから単純に「本サイト」への誘導……
メルマガ

間違いなく99%の通販会社は、CRMの「引上ステージ」や「リピートステージ」において、あらゆる商品が羅列されたメルマガを送り、あらゆる商品が羅列された本サイトに誘導して逆戻りしている。

だから、メルマガから本サイトに誘導しても引き上がらないし、リピートもしない。失敗するバカCRMの典型だ。

効果的なネットCRMをするためには、本サイト発想をやめ**〝ランディングページ発想〟**に切り替える必要がある。

重要

引上・リピートそれぞれのステージ目的に特化した「専用フォローメール」と「専用ランディングページ」をつくると、引上率・リピート率は上がる!

CRMにおける引上率・リピート率を上げるためには、引上・リピート**それぞれのステージの目的に特化した「専用フォローメール」と「専用ランディングページ」を必ず制作**することである。

重要なので再度言う。

CRMにおける引上率・リピート率を上げるためには、**引上・リピートそれぞれのステージの目的に特化した「専用フォローメール」と「専用ランディングページ」**を必ず制作することである。

仮に「広告専用ランディングページ」で、商品Aのモニターセットなどで見込客を獲得したら、そのお客様にはその後商品Aの本商品購入を勧誘する**「引上専用フォロ**

引上専用フォローメールと専用ランディングページ

リピート専用フォローメールと専用ランディングページ

リピート専用フォローメール

リピート専用ランディングページ

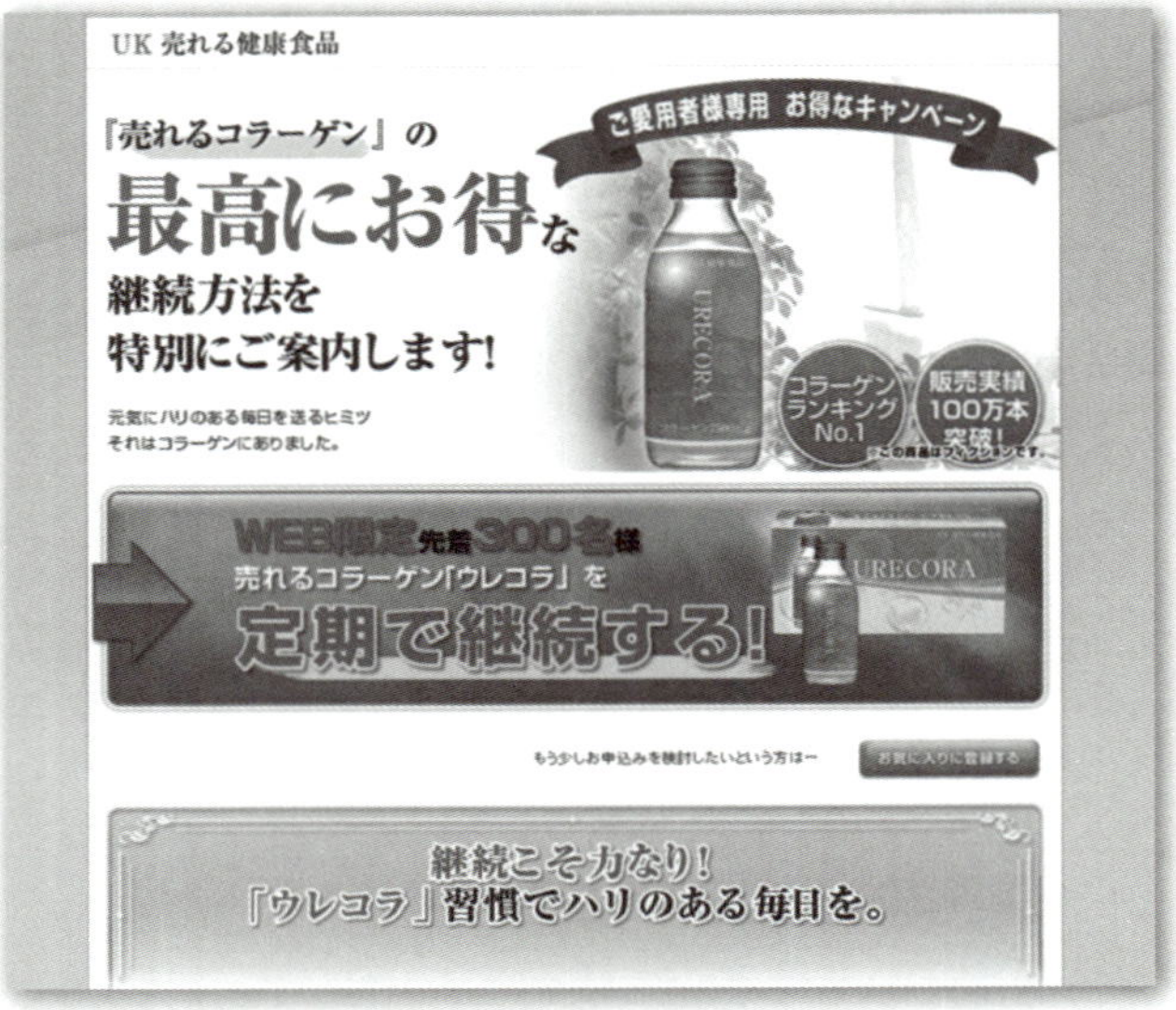

ーメール」を送り、そこから商品Aの本商品しか買えない**「引上専用ランディングページ」**にリンク（誘導）すること。

そして、本商品を買ってくれたお客様には、商品Aのリピートを勧誘する**「リピート専用フォローメール」**を送り、そこから商品Aの本商品を定期コースでしか買えない**「リピート専用ランディングページ」**にリンク（誘導）すること。

つまり、選択肢を与えず、余計な情報は省いて、必要最低限のコアな情報とメッセージを提供し、それぞれのステージの目的のみに集中した**「専用フォローメール」**と**「専用ランディングページ」**にすると、引上率、リピート率は劇的に上がるのだ。

「レスポンス」「引上」「リピート」のそれぞれのステージでは目的が違うので、当たり前だが、ランディングページ内でのメッセージング（口説き方）も違うのである。

それぞれのステージでのメッセージングは……

• レスポンス＝「広告専用ランディングページ」＝**「まずは試してくれ！」**

・引上＝「引上専用ランディングページ」＝**「本商品を買ってくれ！」**

・リピート＝「リピート専用ランディングページ」＝**「本商品を定期コースで買ってくれ！」**

……である。

恋愛にたとえると……

♥**レスポンス＝「僕とデートしてくれ！」**

♥**引上＝「僕とつき合ってくれ！」**

♥**リピート＝「僕と結婚してくれ！」**

……である（笑）。

当然、「引上専用ランディングページ」「リピート専用ランディングページ」でも、第3章で触れたとおり、ランディングページからショッピングサイトのカートにつなぐ構造をやめ、**「ランディングページ」と「申込フォーム」を一体型**にしてしまうこと。

そして、お客様が申込フォームを記入したら、その次にアップセル付きの「申込確

各ステージ別専用フォローメールと専用ランディングページ

○ 各ステージの目的に合わせた**専用フォローメール**と**専用ランディングページ**を制作すると、引上率・リピート率は大幅にアップする！

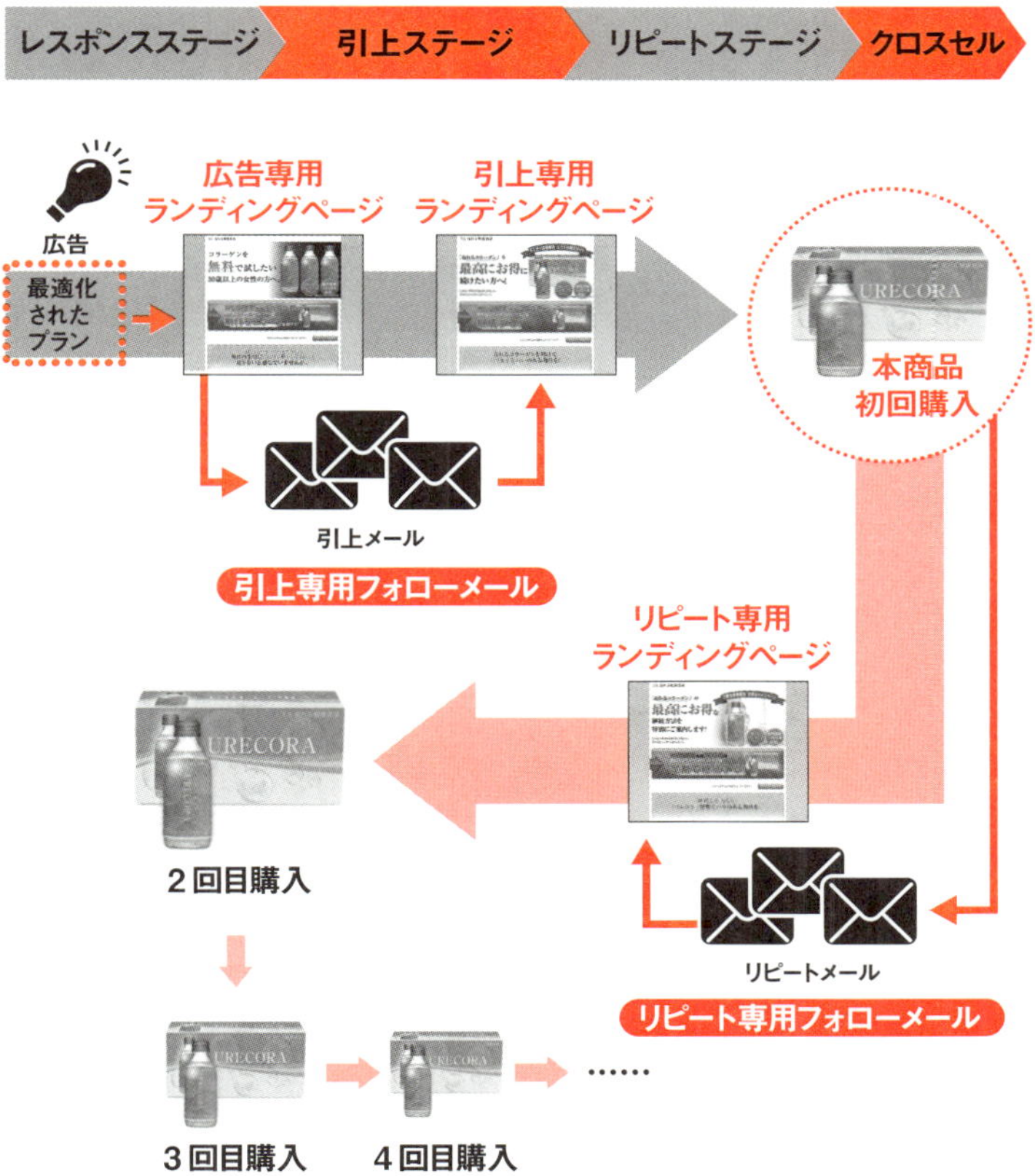

認画面」があって、その次に「申込完了画面」があるという**シンプルな構造**に絶対すること。

最後に再度言うが、ＣＲＭにおいて、**レスポンス・引上・リピートなど各ステージ目的に特化した専用フォローメールと専用ランディングページ**を制作すると、コンバージョン率が劇的に上がり、引上率・リピート率が劇的に上がる。

その結果、**年間購入単価（ＬＴＶ）が上がり、売上が最大化**されるのだ。

重要

フォローメールの配信タイミングをお客様の〝消費サイクル〟に合わせると引上率・リピート率が上がる！

まず、通販のＣＲＭは「タイミング」がすべてだ。

どんなにすばらしいクリエイティブのフォローメールを書いたとしても、お客様は商品がなくなるタイミングでしか引き上がらないし、リピートしないのだ。

なのに、多くのメルマガのダメなところは、初回申込日と関係なく、すべてのお客様に週１回とか月１回でメールを一斉配信しているところだ。

お客様はそれぞれ、申し込むタイミングが違うのである。

月曜に申し込む人もいれば、金曜に申し込む人もいる。月初めに申し込む人もいれば、月末に申し込む人もいる。

だから、フォローメールの配信タイミングは、**お客様の商品の〝消費サイクル〟に合わせる**と、引上・リピート率が上がる。

消費サイクルに合わせた引上専用フォローメール

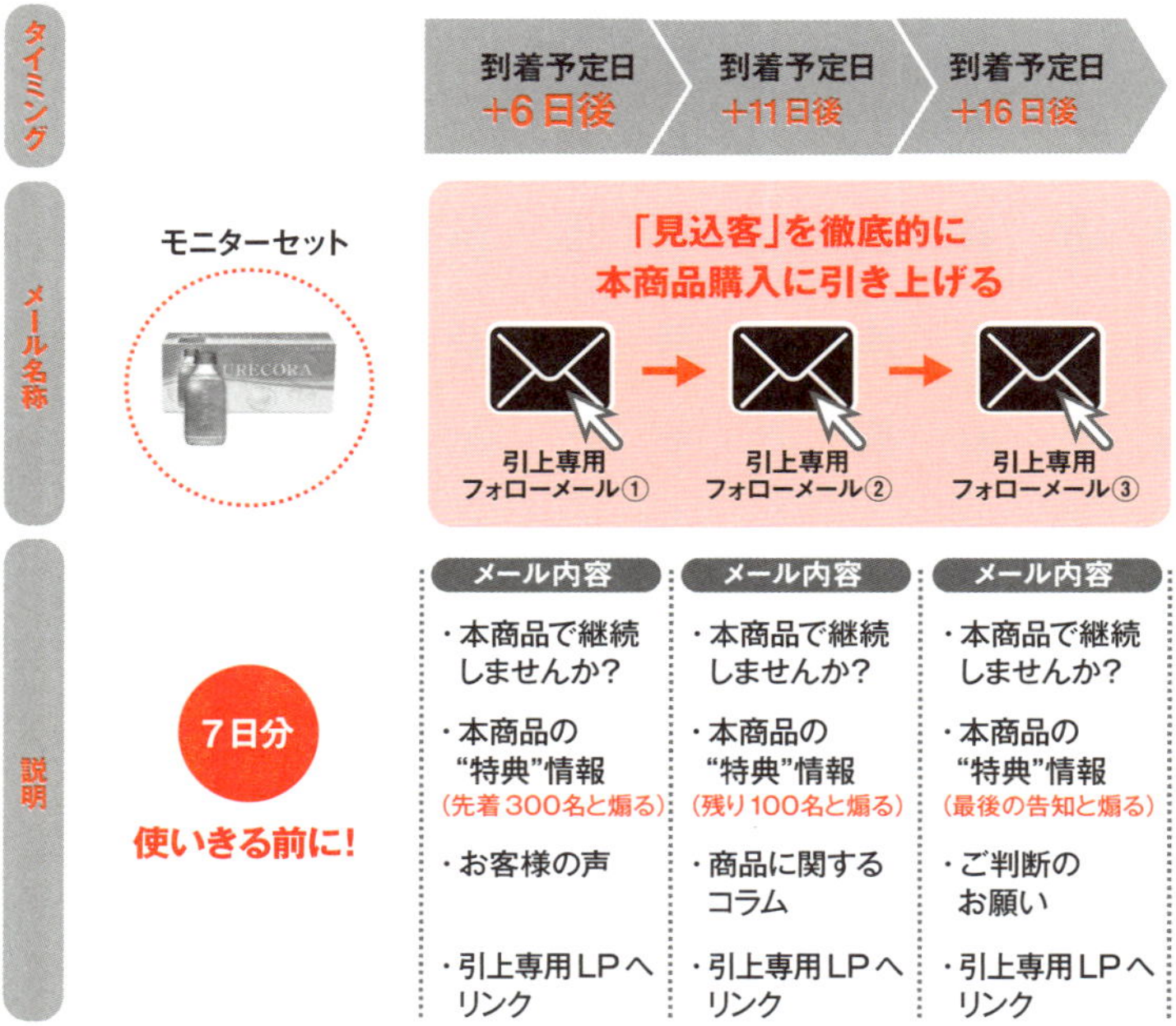
タイミング
到着予定日 +6日後
到着予定日 +11日後
到着予定日 +16日後
メール名称
モニターセット
URECORA
「見込客」を徹底的に本商品購入に引き上げる
引上専用フォローメール①
引上専用フォローメール②
引上専用フォローメール③
説明
7日分
使いきる前に!
メール内容
・本商品で継続しませんか?
・本商品の“特典”情報（先着300名と煽る）
・お客様の声
・引上専用LPへリンク
メール内容
・本商品で継続しませんか?
・本商品の“特典”情報（残り100名と煽る）
・商品に関するコラム
・引上専用LPへリンク
メール内容
・本商品で継続しませんか?
・本商品の“特典”情報（最後の告知と煽る）
・ご判断のお願い
・引上専用LPへリンク

たとえば、7日分のモニターを申し込んだお客様には、**商品を使いきる商品到着〝6日後〟くらいに、「本商品はいかがですか?」という引上専用フォローメール**を送るのである。

そしてたとえば、30日分の本商品を申し込んだお客様には、**商品が残り少なくなった商品到着〝25日後〟くら**

消費サイクルに合わせたリピート専用フォローメール

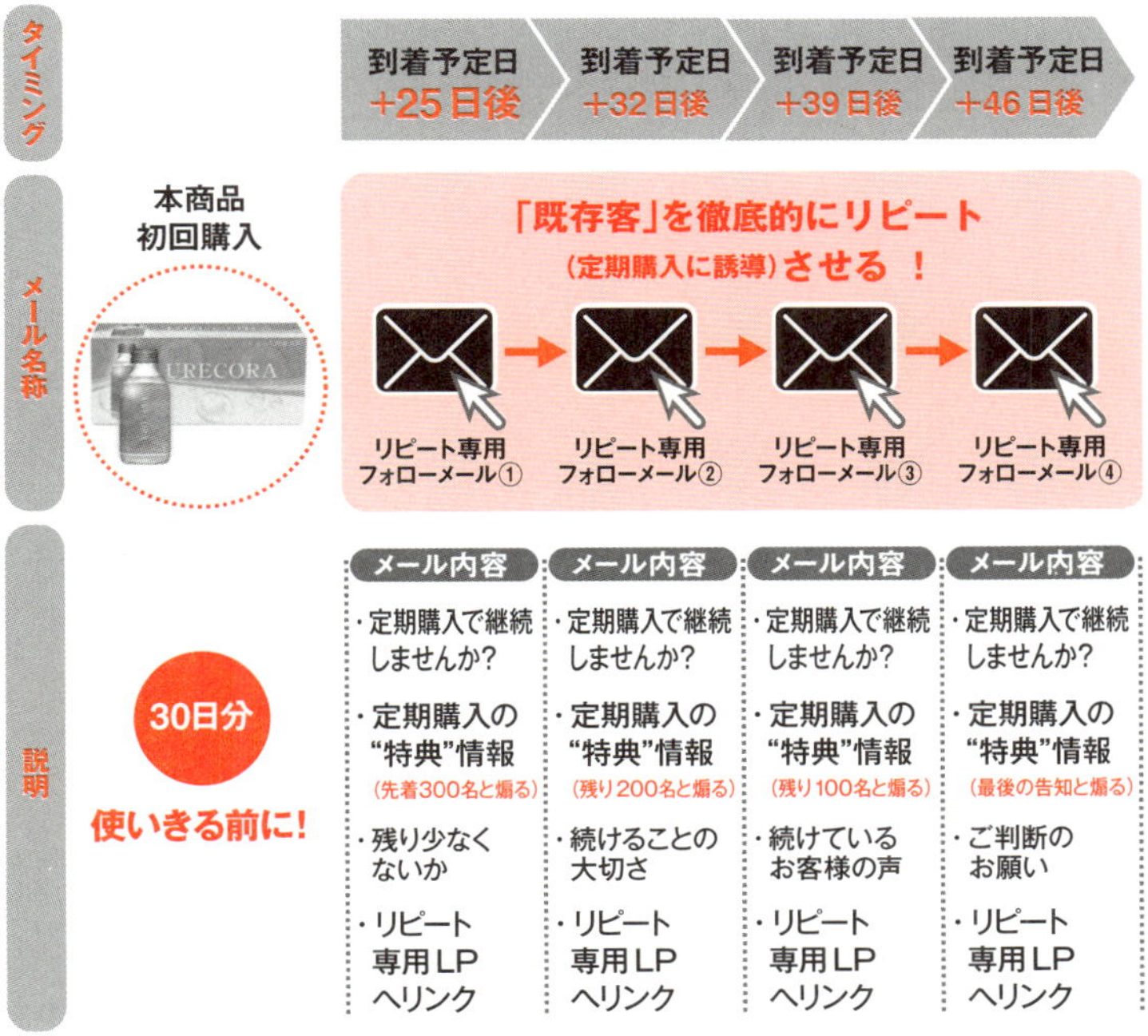
タイミング
到着予定日 +25日後
到着予定日 +32日後
到着予定日 +39日後
到着予定日 +46日後
メール名称
本商品
初回購入
URECORA
「既存客」を徹底的にリピート
（定期購入に誘導）させる ！
リピート専用フォローメール①
リピート専用フォローメール②
リピート専用フォローメール③
リピート専用フォローメール④
説明
30日分
使いきる前に！
メール内容
・定期購入で継続しませんか？
・定期購入の“特典”情報
（先着300名と煽る）
・残り少なくないか
・リピート専用LPへリンク
メール内容
・定期購入で継続しませんか？
・定期購入の“特典”情報
（残り200名と煽る）
・続けることの大切さ
・リピート専用LPへリンク
メール内容
・定期購入で継続しませんか？
・定期購入の“特典”情報
（残り100名と煽る）
・続けているお客様の声
・リピート専用LPへリンク
メール内容
・定期購入で継続しませんか？
・定期購入の“特典”情報
（最後の告知と煽る）
・ご判断のお願い
・リピート専用LPへリンク

いに「定期で継続しませんか？」というリピート専用フォローメールを送るのである。

そうすることで、お客様は商品を継続するタイミングであることにフォローメールで気づくので、引上率、リピート率は劇的に上がる。

重要

フォローメールの配信タイミングを〝初回申込時間〟に合わせると引上率・リピート率が上がる！

さらに多くのメルマガのダメなところは、初回申込時間と関係なく、すべてのお客様に15時など決まった時間でメールを一斉配信しているところだ。

お客様はそれぞれ申し込む時間も違うのである。20時くらいに申し込む人もいれば、朝の10時くらいの人もいる。お客様それぞれネットにアクセスする時間帯も違うし、物欲が出る時間帯も違う。

さらにフォローメールの効果を上げるには、**配信タイミングをお客様の〝初回申込時間〟**に合わせて送ることである。

たとえば、20時くらいに初回申込をしたお客様には、それ以降のフォローメールを〝20時台〟に送る。

初回申込時間に合わせたフォローメール

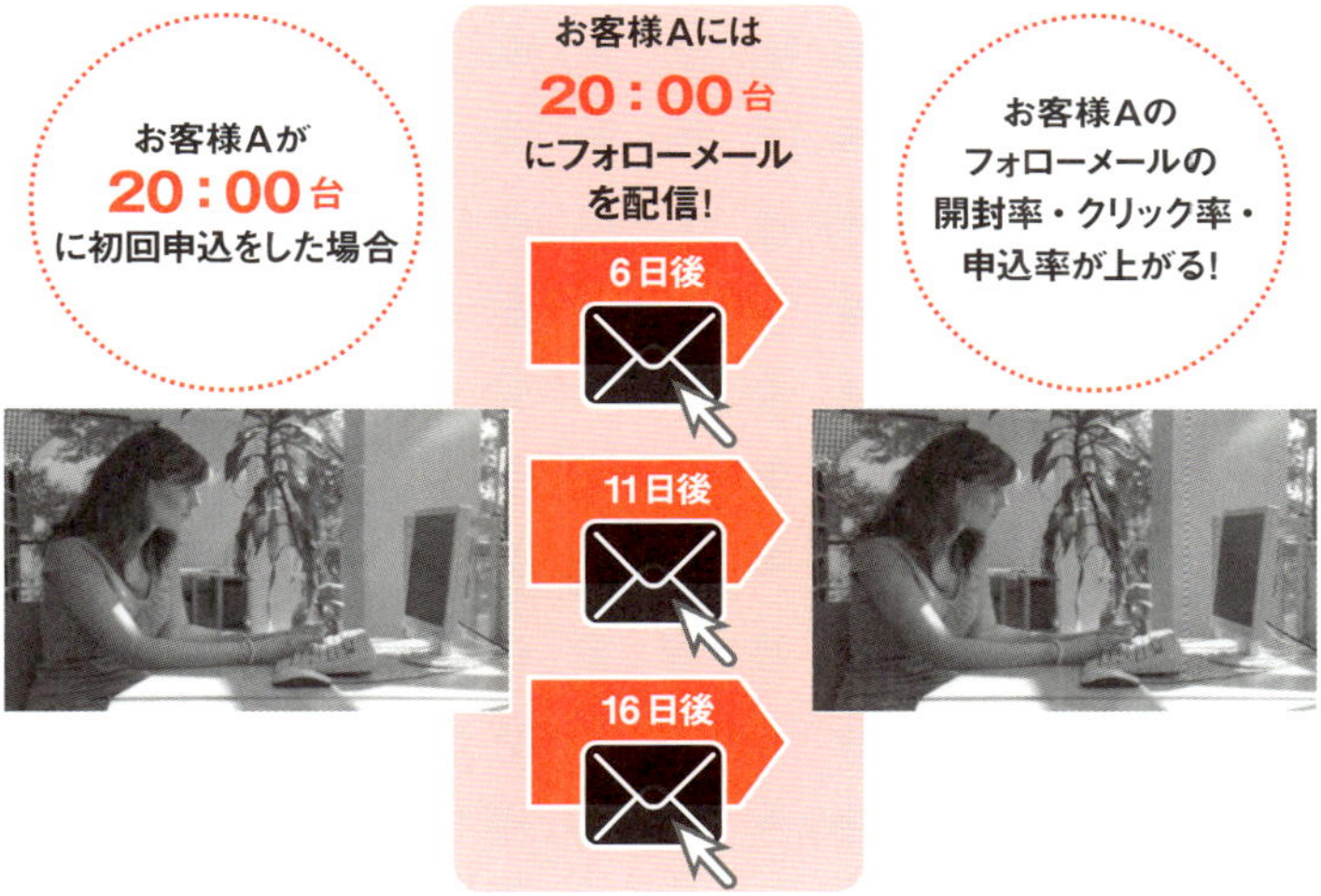
お客様Aが
20：00台
に初回申込をした場合
お客様Aには
20：00台
にフォローメール
を配信！
6日後
11日後
16日後
お客様Aの
フォローメールの
開封率・クリック率・
申込率が上がる！

たとえば、10時くらいに初回申込をしたお客様には、それ以降のフォローメールを〝10時台〟に送るのである。

その時間が、その特定のお客様がネットにアクセスしている時間帯である可能性が高いし、消費意欲がある時間帯である可能性が高い。

そのタイミングでお客様にタイムリーにフォローメールが届けば、引上率・リピート率は劇的に上がるのだ。

フォローメールを捨てられないように工夫すると引上率・リピート率が上がる！

一般的に現在の日本人が1日に受信するメールは平均30通超と言われ、そのうえ流通メールの8割以上が迷惑メールという調査報告がある。

そのため、今のお客様は、メールを受信した際、8秒以内にそのメールを開封するか開封しないかを判断し、そのメールを読むか読まないかを判断する。

私個人のメールボックスもそうだが、1日放っておくと、あっというまに「ゴミ箱行き」になるメールであふれかえっている。

読者の方々も同じ状況だと思うが、どのメールをゴミ箱行きにして、どのメールを読み進めるかを瞬時に決めていくクセがつく。繰り返すが、自ら登録したメルマガやパーミッション（許可済）したフォローメールでさえなぜかゴミ箱行きにしてしまう。

なのに、多くの通販会社は、下心見え見えの広告臭のするメルマガばかりを配信してゴミ箱に入れられている。

だから、迷惑臭・広告臭がするから誰も開封せず、誰も読まずに、誰もクリックしてサイトへ行ってくれない。結果、誰も引き上がらない、リピート購入をしてくれない状態になってしまう。

そんな中、通販会社側としてはゴミ箱行きをなるべく少なくし、メールの生存率をガツンと上げるための工夫が必要となる。

生存率を上げるために、実は**フォローメールの「見た目」**や**「性格」が重要**になってくる。

ここを工夫することで、フォローメールのレスポンス率は劇的に上がるのである。

ここでは、**「必ず見てもらえるメールをつくる方法」**について触れたいと思う。

フォローメールテクニック 1

フォローメールの送信者名は「個人名」にする

お客様は、どのメールを開封するかどうかを直感的に判断している。

その開封するかどうかの判断の際、最初のふるい落としの条件となるのが多くの場合、**メールの送信者名。**

お客様はまず送信者名を確認し、自分と関係のある人・会社からのメールなのか、無関係な宣伝なのかを判断する。

なのに、多くのメルマガを見てもわかるとおり、ほぼ99%の通販会社は送信者名を「株式会社○○編集部」とか、「株式会社○○オンラインショップ」などと会社名やショップ名のみで記載している。

でも、今のお客様（ネットユーザー）は、ズバリ送信者名が「法人名」できたメールを読まない。宣伝だとすぐわかるので、開封もせずにそのメールを捨ててしまうのだ。

あなたもどうだろう？　送信者が「法人名」のメールを読むだろうか？

フォローメールの送信者名は「個人名」に

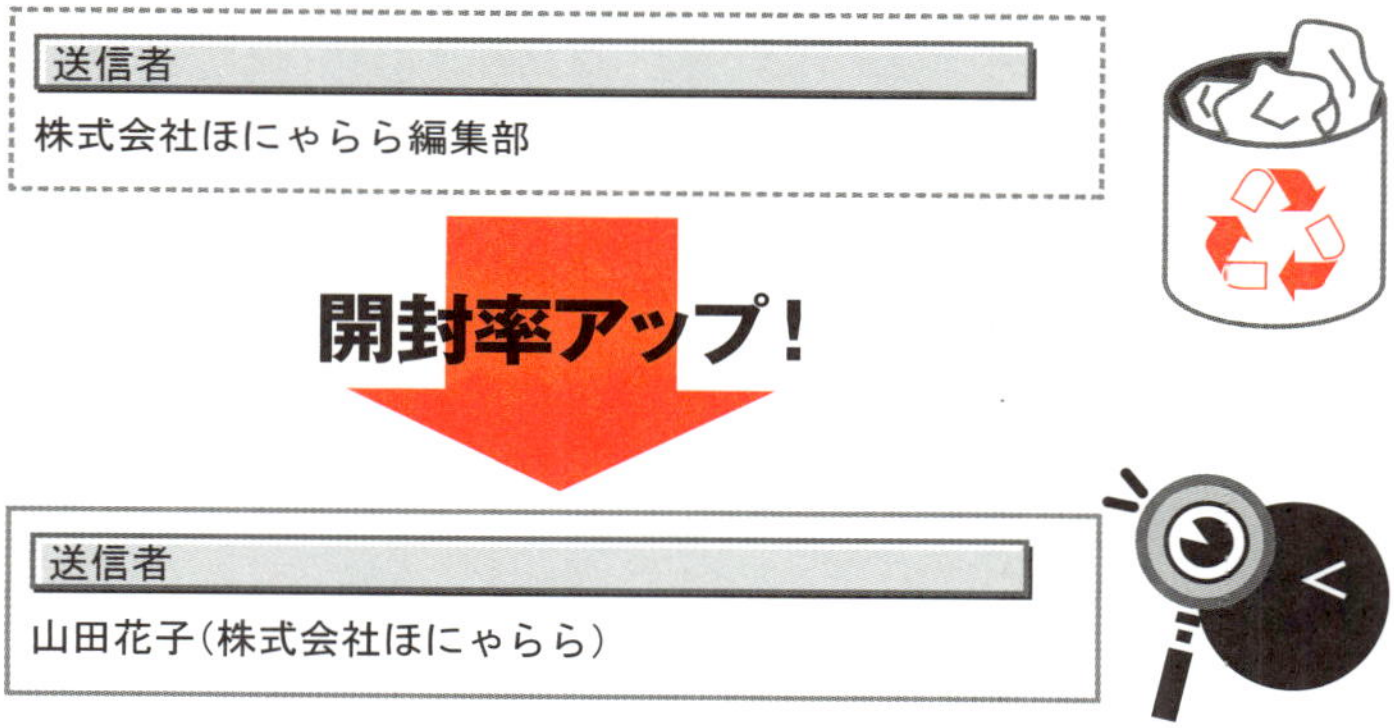
送信者
株式会社ほにゃらら編集部
開封率アップ！
送信者
山田花子（株式会社ほにゃらら）

マーケターのあなたが読まないなら、一般的なお客様はもっと読まないのだ。

そのため、送信者名が会社名やショップ名になっているメールは、明らかに「ただの広告メール」とお客様が認識してしまうため、極めて生存率が低い。

ただし、お客様は、メールの向こう側に**人間性**を感じたとき、「何も確認せずに破棄する」ことはしなくなる。

そこでオススメしたいのが、送信者名に単純に会社名やショップ名を入れるのではなく、**「個人名」**を入れることである。

個人名を入れることにより、お客様はそのメールを無視できなくなり、メールの開封率が劇的に上がるのだ。

フォローメールテクニック 2

フォローメールの件名は「業務連絡風」に

送信者名と同様、メールの**「件名」も無視されないための戦略**が大切である。

多くの通販会社は件名を目立たせようと煽りすぎる。

お客様に開封してもらおうと、件名にいきなりキャンペーン情報（セールや特典）や絵文字などを入れたりして、とにかくインパクト重視で目立たせようと必死なのである。

だが、こういう派手な件名は無視される。

キャンペーン情報（セールや特典）や絵文字を入れた件名のメールを見た瞬間、お客様は、売込広告だと認識して捨ててしまうからである。

つまり、現在のネットでは、開封をしてもらおうと一生懸命件名を目立たせようとすればするほど無視されるという皮肉な傾向にある。

フォローメールの件名は「業務連絡風」に

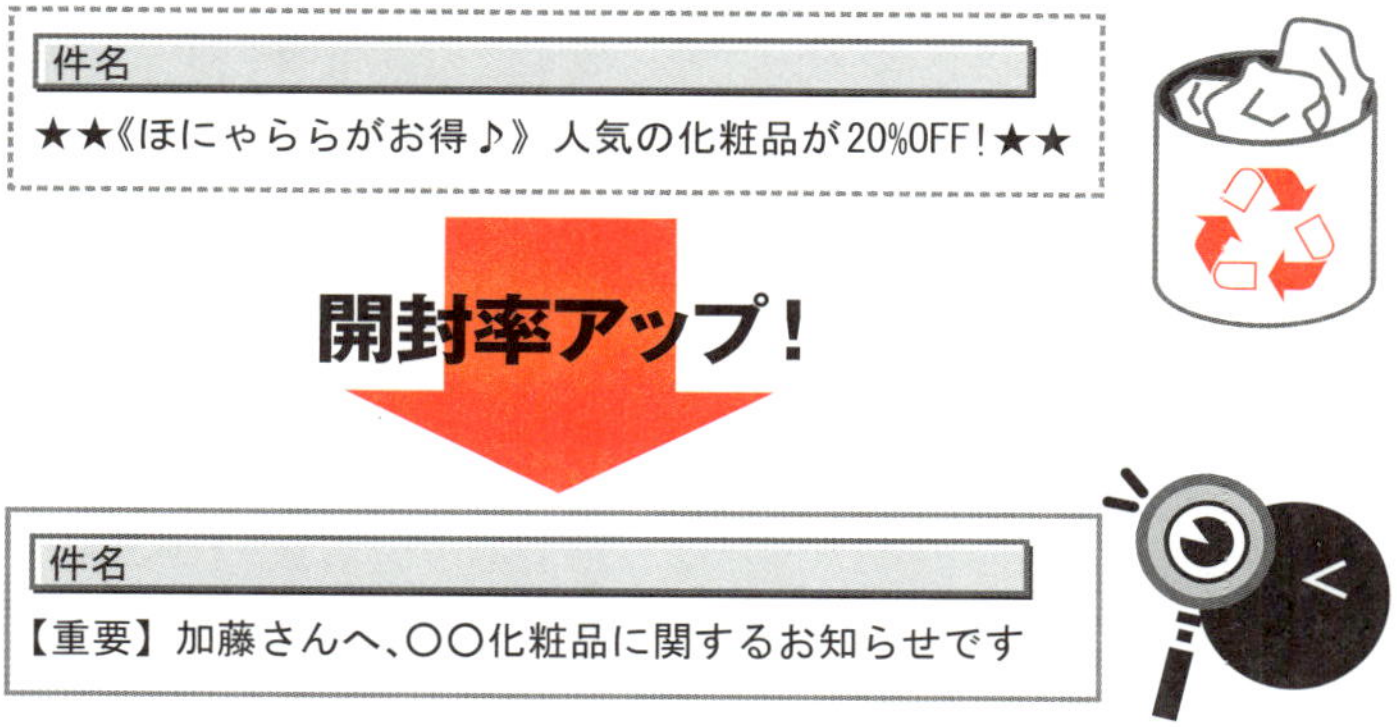
件名
★★《ほにゃららがお得♪》 人気の化粧品が20%OFF！★★
開封率アップ！
件名
【重要】加藤さんへ、〇〇化粧品に関するお知らせです

それなのに、多くの通販会社はいまだにそれに気がつかず、派手な件名のメールを配信し続けてお客様にゴミ箱行きにされている。

メールの開封率を上げる件名とは、ズバリ**業務連絡のような件名**である。

友人や取引先からくるメールを見てもわかるが、相当変わった相手ではない限り、メールの件名はある意味淡々とした、落ち着いた普通の件名になっているはずだ。

当たり前だが、友人や取引先からきた普通のメールは絶対無視しない。

つまりとてもシンプルに言うと、現在の

お客様は**「落ち着いた件名＝普通のメール」「派手な件名＝広告のメール」**という認識をしているのである。

だから、お客様があまり広告とは認識しないような、まるで友人や取引先からくるメールのような件名をつければ、お客様はメールを開封してくれる。

重要な連絡がきている可能性があるため、中身を読まざるをえなくなり、結果、メールの開封率が劇的に上がるのである。

フォローメールテクニック 3

フォローメールの見た目と性格をよい「第一印象」に

当然、送信者名や件名を改善して開封率を上げたとしても、肝心のメールの中身を読んでもらわないと意味がない。

そのためには、**メールの本文の第一印象**がとても重要になってくる。

まずは**ダメなメール例**を見てみよう。

こういうメールは、見た瞬間にお客様に削除され、ゴミ箱に直行する場合が多い。

つまり、「いかにもセールス」という見た目と性格だからダメなのである。

チャラチャラした外見とイヤラシイ性格のナンパ野郎がモテないのと同じように、チャラチャラした外見とイヤラシイ性格のメルマガはお客様に敬遠される。

こんなメールを送り続けると、捨てられるだけならまだマシで、迷惑メールとしてアドレスが登録されてしまうのがオチである。

逆に読まれるメールは、友人や取引先からくる普通のメールと同様、**愛を持って読者1人ひとりに語りかけるようなメール**である。

多くの通販会社が先ほどの「ダメなメール」を送っていることを逆手にとった、他社の広告メールに紛れ込まないような**人間性を演出したメール**である。

送信者名や件名と同様、人間性を演出した普通っぽい外見と性格のメールであれば、ズバリ友人や取引先からくる普通のメールに溶け込むことができ、必ず読んでもらえるのだ。

さらに言えば、**最高のフォローメールはお客様から返信がくるメール**である。

あまりにもその人宛だけに送られた〝風〟のリアルなフォローメールをつくると、お客様は本当に自分だけに送られたと思い、返信してくるのだ。それが究極のフォローメール原稿だ。

最低なゴミメール（メルマガ）

▼ |運|命|を|導|き|ま|す※Ｊ・Ｈ・マイヤー監修のサイト［女王の占い］※
恋愛金運等様々なジャンルの運命を占います
http://www.accesstrade.net/at/c.html?rk=01001ldt0005oe

▼ あなたの回線速度はどれくらい？【速度チェック】豪華賞品当選のチャンス
★―――――――――――――――――――★
Ｇｙａ０スピードテスト
★―――――――――――――――――――★
⇒測定ＧＯ⇒ http://s15.j-a-net.jp/gateway/click.cgi?a=12902&d=33394&u=

▼ ガラ || ガラ | ア | ン | ケ | ー | ト | 調 | 査 | ！ |
娯楽に関するアンケートに答えその場で１０万円が当る♪
http://202.218.32.115/CM/Controller/CLCountCmd?a=15344&d=12384&u=

▼ メルマガ★リニューアルキャンペーン！　□東京電力・テポーレ■
JTB旅行券10万円分・パナソニックDVDレコーダー等が総勢100名様に当たる！
http://www.accesstrade.net/at/c.html?rk=01000eij0005oe

▼ | 現金１００万円 | カーナビ | 現金懸賞や豪華賞品懸賞が何度も当たる！
| ブランド財布 | iPod U2 | ★スピード懸賞★『ダイヤモンドメール』
抽選結果がその場ですぐわかる！！

「ダメなメール」の共通点

- 絵文字や装飾文字を多用
- URLの貼付が多い
- あらゆる商品（やキャンペーン情報）を単純に羅列

フォローメールの“見た目と性格”をよい第一印象に

1 絵文字や装飾文字を多用しない

2 URLはせいぜい1〜2か所に貼付

3 顧客が見込客になったときの商品に限って購入を勧める

4 冒頭で「個人名」を名乗っている

例)□□さま、こんにちは。
　今後、□□さまを担当させていただきます
　株式会社○○の山田花子と申します。

5 単語の羅列ではなく「書き手の言葉」で記述する

例)先日は、△△にお申込みいただき、ありがとうございました！

6 顧客の個人名も「文中」に記述する

例)私自身も半年前から愛用している商品なので、
　□□さまにも気に入っていただければうれしいです！

7 用件以外の話題もあり、「人間性」が伝わってくる

例)先日、前から気になっていた代官山のカフェに入ったとき……

重要

フォローメールから〝ワンクリック〟で申込ができると、最高に引上率・リピート率が上がる！

世の中の通販というのは、初回申込のときにＩＤ／パスワードを会員登録させ、２回目以降の申込時には、サイトからＩＤ／パスワードでログインさせる方式をとっている。

でも実は、**レスポンスを低下させる１番の原因はここにある。**

多くのお客様はＩＤ／パスワードを入力するのは面倒だと思っているし、実際２回目を申し込む段階では、通販サイトのＩＤ／パスワードなど忘れている。

さらに、最近の日本人１人あたりのＩＤ／パスワードの保有数は10件を超えており、通販のＩＤ／パスワードをほとんど忘れているため、ここ数年、通販のＩＤ／パスワード方式のエラー率が増加している。

ＩＤ／パスワード方式はすでに崩壊し始めているのである。

現在、引上率・リピート率を最高に上げる最強の方法は、**フォローメールからワンクリックで申込ができるようにする**ことである。

フォローメール上でお客様ごとに個別のＵＲＬを準備して、お客様がＵＲＬをクリックすると、自動的に引上専用ランディングページやリピート専用ランディングページのフォーム上には、**初回申込をした際のお客様情報がすべて記入済の状態で表示**されるようにする。

つまり、お客様は申込ボタンを押すだけで、申込完了となる。

こうすれば、フォローメールから実質ワンクリックで申込完了となるのである。

この方法がお客様にとっても、最も楽な方法であり、ＩＤ／パスワード方式に比べコンバージョン率は**１・５〜２・５倍くらい上がり、引上率・リピート率が劇的に上がる**のだ。

ユニーク(個別)なURLが入ったフォローメールを送り「ワンクリック」で申込！

件名：【重要】「売れるコラーゲン」に関する最後のお知らせです……

加藤さま
こんにちは。売れる健康食品の亀谷です。

加藤さまに至急お知らせしたいことがあり、ご連絡させていただきました。

先日ご案内いたしました「売れるコラーゲン」のキャンペーンが、予想を超える大反響に。

先着300名様とお伝えしていましたが、早くも【残りわずか】に！

予想外の大反響に私亀谷もびっくりです！

残りわずかとなっておりますのでお申込はお早めに！！


～～～今なら、特典つきWEB限定キャンペーン実施中～～～

このサイトから「売れるコラーゲン」をお申込の方にうれしい特典がついてくる！

【特典１】特別価格でお届け！

　通常3000円（税込）の「売れるコラーゲン」が1500円（税込）に！

【特典２】定番トライアルセットをもれなく！

　「アンチエイジング」という発想に基づいた「売れるコラーゲン」のトライアルサイズを
　無料で差し上げます。

【特典３】しかも送料が無料に！

　通常500円（税込）の送料を【無料】にてお届けいたします。

★申込は超カンタン！下記URLからワンクリックで申し込めます！★
https://www.ureruad.jp/ad/c204/?rp=02f69e2f648b68a042d5efb443915943

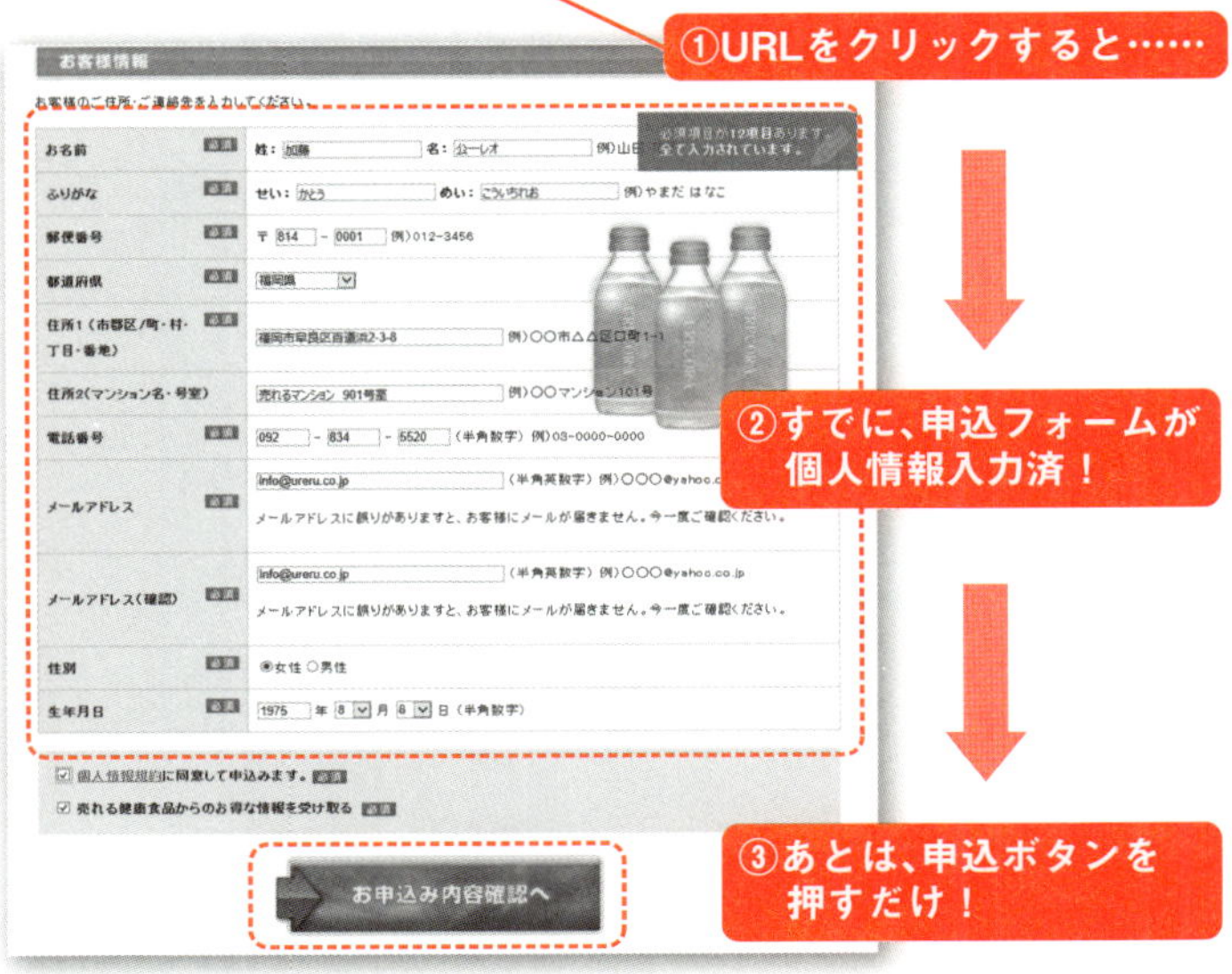
①URLをクリックすると……
お客様情報
お申込み内容確認へ
②すでに、申込フォームが
個人情報入力済！
③あとは、申込ボタンを
押すだけ！

引上率を劇的に上げる「専用フォローメール」

件名：【重要】ウレコラの継続の確認です
差出人：山田 花子（株式会社 売れる健康食品）

加藤様

いつもお世話になっております。

加藤様の担当をさせて頂いている売れる健康食品の山田です。

先日は売れる健康食品の『ウレコラ』の“無料モニター”に参加頂き本当にありがとうございました。

『ウレコラ』は私山田も半年前から愛用している商品なので、加藤様にも気に入って頂ければ嬉しいです。

加藤様には7日間の無料モニターにて『ウレコラ』を体験して頂いたわけですが、
引き続きご自分の美容と健康のためにウレコラ生活を“継続”しませんか?

『ウレコラ』はお薬ではなく健康補助食品です。
美容や健康への効果を実感して頂くためにも、毎日忘れずに長く飲み続けることが大切です。

少なくとも3ヶ月は続けることを心からオススメしたいです♪

そこで加藤様だけには
最高にお得に継続のお申込みができる“ヒミツの限定サイト”を
コッソリお送りいたします!!!

★お申込みは超カンタン!このサイトからワンクリックで申込めます!★
↓↓↓↓↓
https://www.ureruad.jp/ad/c204/?rp=02f69e2f648b68a042d5efb443915943

この“限定サイト”から継続のお申込みをすると初回半額で本当にお得です。

※他の方にはどうかこのサイトのことは内緒でお願いします。(^^;)

では、加藤様の継続のお申込みをお待ちしております。

どうぞよろしくお願い致します。

山田 花子
株式会社 売れる健康食品

見込客にネット専用のツールを同梱すると、引上率・リピート率が上がる

歴史が長く、オフライン（新聞・チラシ・インフォマーシャルなど）からスタートした通販会社の多くは、**ある大きな間違い**を起こしている。

それはターゲット層のことをまったく考えずに、**ネット広告から申し込んだ見込客にも、オフライン広告（新聞・チラシ・インフォマーシャルなど）から申し込んだ見込客にも、まったく同じ同梱ツールを封入**していることだ。

当たり前だが、ターゲットが違うなら、引上に向けたアプローチも違うはずである。だから、オフラインの見込客用につくった同梱ツールを、そのままネットの見込客に配っても、あまりにもギャップがありすぎて効果は半減してしまう。

年齢層、つまり、ターゲットがまったく違うオフラインとネットの見込客。まったく同じ同梱ツールを使うのではなく、少しアプローチを変えることが必要だ。

そこで、ネット広告から獲得した見込客には**ネット専用の同梱ツールを入れる**と、引上率・リピート率が上がるのだ。

具体的には、ネット顧客に対して封入する同梱ツールでは**〝訴求内容〟や〝誘導方法〟を少し変えるだけで抜群の効果**が出て、引上率が劇的に上がるのである。

まずはオススメしたいのが**〝訴求内容〟**である。

ネットでは、ターゲットとなる年齢層が30～40代中心のため、ネット顧客の同梱ツールでは「若い人」に向けた訴求内容を出すべきである。

たとえば、健康食品を売っているとして、仮にオフラインの同梱ツールでは「健康全般」で訴求しているなら、ネット顧客の同梱ツールでは「美容やダイエット」で訴求をしていくという感じだ。

仮にオフラインの同梱ツールの中に入っている写真が50～60代中心ならば、ネット顧客の同梱ツールでは**30～40代中心の女性の写真**を載せるのである。

もう1つオススメしたいのが**〝誘導方法〟**である。

繰り返すが、統計的にネットで初回申込をしたお客様の8～9割は、2回目以降もネット経由でしか申し込まない。なのに、オフラインの同梱ツールの多くは「ハガキや電話やＦＡＸでの誘導しかないので、ネットユーザーはそこからは申し込まない。つまり、ネットで見込客になったお客様は、ネット経由で商品を購入する比率が圧倒的に高い。

たとえ接点が同梱ツールというアナログな接点だとしても、やはり申し込む際にはデジタルなのである。

だから、**ネット顧客の同梱ツールでは徹底的に申込誘導を「ネット（ＰＣ・スマートフォン・ガラケー）」**にすべきである。

仮にオフラインの同梱ツールでは「本商品の申込はコチラ！」とハガキや電話やＦＡＸへ誘導しているとしたら、ネット顧客の同梱ツールでは、おもいっきり**本商品の申込はコチラ！」と「ネット（ＰＣ・スマートフォン・ガラケー）」へ徹底的に誘導**するのである。

ネットの見込客には「ネット専用ツール」を同梱

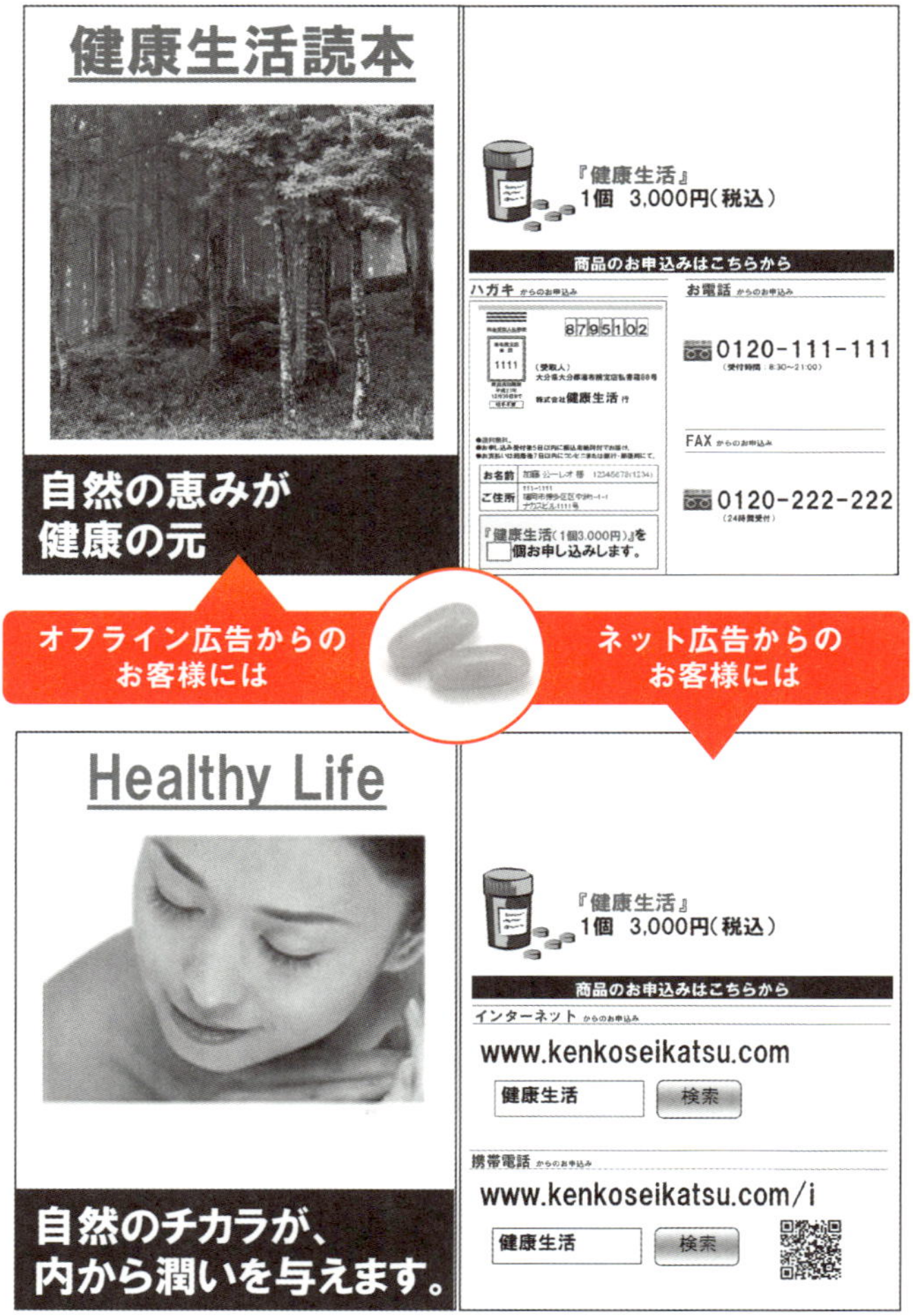

具体的には**「検索キーワード」「URL」「QRコード」をデカデカと載せる。**当然そこからは本サイトではなく、「引上専用のランディングページ」「リピート専用のランディングページ」に直接誘導するのだ。

このようにデジタルなターゲットを徹底的に意識しながら、メールに加えて、**アナログな施策もきちんと行う**と、引上率やリピート率は向上し、売上が最大化できる。すぐにでも実践してみてほしい。

第8章

大成功する広告代理店とのつき合い方22か条

ダメな広告代理店と組んだらネットマーケティングは大失敗

最後に触れたいのが、広告代理店の扱いについてだ。

通販会社がネットマーケティングを成功させるためにまず重要なのは、パートナーとなる広告代理店の扱いである。

多くの経営者（社長）は、自社の商品に自信があるし、愛着もある。とにかく目立つところに広告を出して、多くの人が見てくれれば売れると信じている。

そして、広告代理店の言われるままになけなしのお金を払い、広告を投下してみるが、レスポンスがほとんどない、売上が上がらない、費用対効果も最悪……という状態になってしまう。

なぜ、こういうことが起きてしまうのか？

その理由はズバリ、

「広告代理店で働く人の90％以上が、商品を売るプロではない」から。

別に大げさに言っているわけではない。

今でこそ「広告＝商品を売るため」という風潮があるが、広告業界の過去50年間はおもに「イメージ広告づくり」で成り立ってきた。

テレビなどマスメディアを使った商品認知とイメージづくり、つまりイメージづくりや好感度アップをメインとしてきたわけだ。

そんな中で商品を売るプロ、つまり、**通販会社（特にネット通販）を成功させられるようなダイレクトマーケターは、広告代理店の中でほとんどいないのが現状**だ。

さらに、広告代理店は広告主にいかに多くの広告費をつぎ込んでもらうかによって売上が決まるわけだから、テレビや新聞やネット媒体（広告枠）をどんどん提案するプロなのである。もっと言うと、

「広告代理店で働く人の90％以上が、広告の費用対効果を考えたことがない」

まさか！　と思っているかもしれない。

でも、ためしに身近な広告代理店に、

「ご提案の広告をやったら、ウチの売上はどれくらい伸びるの？」

とぜひ聞いてみてほしい。

彼らの多くは押しなべて、

「どちらかというと、広告は商品を直接売るもんじゃないんですよ〜。いい認知とイメージをつくって、御社の販促をバックアップするんですよ〜」

と答えるでしょう……。

それに対し、

「では、その認知とイメージでは、いつ、どんなふうに、いくらの売上をもたらすのかを教えてもらえる？」

と聞いてみるといい。間違いなくその広告代理店サイドは沈黙するだろう……。

別にその広告代理店が悪いわけではない。費用対効果を真剣に考える文化が、今まではほとんど広告業界になかっただけなのだ。

私自身、広告代理店に勤務してきて、今まで何千人という広告マンに会ってきたが、そもそも**広告代理店社員の90％以上は広告の仕事を「販売業」だとは考えていない。**

デザイナーのほとんどは「アート」だと考え、ＣＭプランナーのほとんどは「エンタメ」だと考え、営業のほとんどは「クリエイティブな広告」にあこがれている。

では、世の中の広告代理店（広告マン）は全員ダメなのか？

そんなことはない。非常に少ないが、あなたの会社の売上を劇的に上げてくれるすばらしい広告代理店は存在する。

ただ、売上を上げることができる広告代理店の能力には、天と地の差があるだけだ。

こんな状況だからこそ、通販を行う場合は、あなた自らが先頭に立ち、パートナーとなる広告代理店をうまく**〝選定・管理・教育〟**することが重要である。

そこで、あなたが「ダメな広告代理店」にカモにされないように、売上を上げてくれる「優秀な広告代理店」を選定・管理・教育できるように、**〝大成功する広告代理店とのつき合い方22か条〟を本音で伝える。**

ネットマーケティングを成功させたいなら、徹底的に読んでいただき、何よりも実行してほしい。

大成功する広告代理店とのつき合い方22か条

その❶「賞狙い」に依頼するな

広告主の売上よりも自分の趣味を優先している「賞狙い」のミーハーな広告代理店に依頼してはいけない。

本来、広告とは商品を売るためにある**「額縁」**であるはずなのに、広告自身が「絵画」だと勘違いしているアマチュア広告マンは多い。

広告主がどんな気持ちで広告を投下しているのかを1秒でも考えたら、悪ふざけな提案はできないはずだ。

その❷ 「媒体提案」だけは最悪

ネット専業の広告代理店に多いのだが、エクセルでつくった表で「媒体の提案」だけをする広告代理店に依頼してはいけない。これは最悪の広告マンだ。ズバリ媒体を買うだけならバカでもできる。

広告の費用対効果を最大化するために、クリエイティブからＣＲＭまでの**泥くさいソリューション提案**を持ってくる広告マンに依頼するべし。

その❸ ネットマーケティングの「最新ワード」の連呼に気をつけろ

「ソーシャル」「アトリビューション」「ＤＳＰ」「ビッグデータ」「エンゲージメント」などの最新バズワードを連呼する広告代理店に依頼してはいけない。

そんな広告代理店は、たいてい広告の基本がわかっていない新しい物好きの評論家集団にすぎない。

目先の変化で目くらましをかけているだけである。

その❹「セールスマン」より「ファンドマネージャー」

あなたの会社に媒体を売り込む不動産の「セールスマン」のような広告代理店に依頼してはいけない。

あなたの会社の投資の費用対効果（ＲＯＩ：投資した広告費に対して得られる利益の割合）に向けて運用する証券会社の**「ファンドマネージャー」**のような広告代理店に依頼しよう。

その❺広告費は「もらう」のではなく「つくる」

あなたの会社の「広告費をもらいにくる」広告代理店に依頼してはいけない。

あなたの会社を大きく成長させて**「自分で自分の広告費をつくろうとする」**広告代理店に依頼しよう。その広告代理店があなたの会社を儲けさせたら、広告費は自然に大きくなり、その広告代理店も儲かるのだ。

その❻ あえて「断ってくる」相手は信用できる

たとえあなたがやりたがっても、**真剣に一緒に考え、断ってくる広告代理店**に依頼しよう。

広告マンとして営業成績を上げるために発注をもらいたくても、**「広告主のためを思って、あえて売らない判断をする」広告マン**は信用できる。

その❼ 大きなチームよりも「1人の超優秀な営業マン」

1人の超優秀で経験を持った営業が担当してくれる広告代理店に依頼しよう。

広告代理店が大きなチームを組んだら、あなたは安心できるかもしれない。

ただし、**広告の質は関わっている人数に反比例**する。チームワークごっこは弊害だ。

ネットや通販広告では、**すべてを1人で仕切るスーパースターの「ワンマン体制」のほうが成功**する。

その❽ 明確な「目標数字」を出してもらえ

「CPA」「引上率」「CPO」「購入単価」「年間購入回数」「年間購入単価（LTV）」「年間ROAS」などの、明確な「目標数字」を設定する広告代理店に依頼しよう。

たまに責任逃れのためにあえて設定しない広告マンがいるが、それは論外。

広告主・広告代理店の社員全員が同じ目標を共有して一緒に考え、運営していくことが重要である。広告費の１番の無駄遣いは、目標を具体化しないことである。

その❾ 広告主のお金は「自分のお金」という人に頼め

広告主のお金（広告費）を、まるで自分のお金のように考えられる広告代理店に依頼しよう。

もし、自分のお金だったら、誰もがミスをしないために命がけでチェックし、コストを抑えるために命がけで媒体交渉し、レスポンスを上げるために命がけでクリエイティブづくりをする。

広告マンに１番必要な能力は、広告主が投資するお金の重さをわかっていることだ。

その⑩ マージンを「成功報酬で」と聞いてみる

広告代理店の実力を見分けたかったら、あなたの会社に出入りしている広告マンに、

「あなたが出している想定目標を達成しなかったら、媒体マージンの15％はスルー（なし）でいいですか？」

「その代わり、あなたが出している想定目標を達成したら、媒体マージンは2倍の30％とっていいですよ」

とオファーしてみよう。

もしその広告マンが沈黙したら……、その広告代理店に依頼してはいけない。

もしその広告マンが喜んで乗ってきたら、その広告代理店に依頼しよう。

※でも、目標達成したら、最終的にマージンは払ってあげて♪（笑）

その⑪ 経験がすべて！ 「相手のプロフィール」を必ずもらえ

広告代理店を選定するときに、その広告代理店の営業／スタッフ担当に、

「あなたはどこの通販広告主を成功させてきましたか？」

と聞いて、**プロフィール（経歴）を必ずもらう**ようにしよう。

ダイレクトマーケティングの成功経験のないド素人広告マンに任せると、大やけどをするからだ。

会社よりも担当者で選定すること。この世界は経験がすべてなのだ。

その⑫ その企画書、「小学生」でもわかる？

広告代理店から提案される企画書が、効果があるかないかを**一瞬で見極める方法**がある。

「○」＝小学生でもわかるような**〝シンプルな企画書〟だとそれは「効果あり（本物）」**。

「×」＝一見頭がよさそうだけど、〝複雑な企画書〟だとそれは「効果なし（偽物）」。

中身がないからカッコつけて企画やプレゼンを小難しくするのだ。

その⑬「カスタマイズされた企画書」にノウハウはない

広告代理店から提案される企画書が、あなたの会社だけに完全にカスタマイズされたものは、ほとんどの場合、効果がない。

1つひとつの広告主に合わせたオリジナルな企画はノウハウではない。

他社の成功事例をもとに、「どの広告主に適用させても成功する汎用的な企画（もっと言うと〝仕組み〟）」をノウハウと言う。

その⑭　顔色をうかがわせるな！　最終判断は「あなた１人」

広告代理店から出された提案の最終判断者は**「あなた１人」**にしよう。

広告では、広告主の責任者が明確でない「委員会体制」が１番危険。

広告代理店が広告主の複数担当者の好みばかりを聞いて、全員にウケる広告、全員にヨイショする広告をつくると、幕の内弁当のようなメインディッシュのない広告になってしまい、失敗する。**最終判断者と責任者はワンマンでいい**のだ。

その⑮　感性を信じるな！　「Ａ／Ｂテスト」を実施せよ

あなたの感性も広告代理店のクリエイティブディレクターの感性も信じてはいけない。

ネット広告の費用対効果を確実に最大化するには、**事前に予算の約10％を使い、ク**

リエイティブのA／Bテストをして、反応率が1番高かったクリエイティブで本番のキャンペーンに挑むこと。

多くの広告主はこのテストの費用や時間を惜しんだり、広告主の社長や広告代理店のクリエイティブディレクターの感性でクリエイティブを選定するから失敗するのだ。

その⑯「クリエイティブ」と「CRMプログラム」は必ずつくらせよ

ネットで成功したいなら、最低でも広告代理店に「クリエイティブ」をつくらせ、メールをベースとした「CRMプログラム」をつくらせること。

むしろ広告主は、**クリエイティブやCRMを提案しない広告代理店は出入禁止**にすべき。媒体のみを買ってあげるなんて、広告代理店に楽をさせすぎだ。枠売広告マンに価値はない。甘やかしたらいけない。
※ズバリ、この本に書いている内容をすべて100%やらせるべき！

その⑰ 欲張るな！「１社」に任せよ

媒体コストを抑えたければ、欲張らず**「１社の広告代理店に任せる」**べき。

多くの広告主は複数の広告代理店を競争させることでコストが抑えられると思っているが、実は１つの広告代理店にコスト交渉をさせるほうが、結果的に安く抑えられる。他の業界と違い、**媒体は〝買付先が同じ〟**だということを理解したほうがいい。

その⑱ 「ネットをやらなきゃ！」って本当？

広告代理店が「ネットをやらなきゃ！」と言ってきても、無理してネットに投資する必要はない。

ここ10年くらいは広告主に「ネットをやらなきゃ！」的な空気があったので、ネット広告業界は伸びてきた。

でも、別にネットだろうがオフラインだろうが関係なく、「効率がいいメディアが1番」なのだ。自社にとって1番効率のよいメディアに投資しよう。

※ズバリ、この本に書いている内容をすべてやれば、ネットが1番効率がいいメディアになることは間違いないが。

その⑲ 広告費を使うよりも「社員のボーナス」に

日本の全広告主の社長に言いたい。

もし、あなたの会社の広告関係部署や広告代理店に、**〝広告の費用対効果を本気で最大化〟**する意思や能力がなければ、その広告予算を「社員のボーナス」に回すべきだ。

そちらのほうがよほど会社の未来につながる有意義な投資となる。

その⑳　広告の費用対効果は「１年単位」でチェック

単品通販の場合、広告の目標は「ＣＰＡ」だけではない。「引上率」「ＣＰＯ」「購入単価」「年間購入回数」「年間購入単価（ＬＴＶ）」を見ることはもちろん、最終的には**１年後の「年間ＲＯＡＳ」**で見ないといけない。

会社の決算が1年であるように、**広告の決算も年単位**にすると、より正確に効果を把握できるのである。

※何度も言うが、ＣＰＡしか語れずに媒体だけを売りつけるバカな広告代理店がいれば、出入禁止にしたほうがいい。

その㉑　「クリエイティブ」を値切るな

広告において、広告代理店に対して媒体を値切るのはまだいいが、**「クリエイティ**

ブ」を値切ってはいけない。媒体を安く買えれば効果は同じだし、単純にラッキーだが、人間がつくり上げるクリエイティブを安く買おうとすると、質も効果も低いクズみたいな制作物しか出てこなくなる。

その㉒ 信頼できる相手を見つけたら「競合コンペ」はやめろ

運よく売上を上げてくれる信頼できそうな広告代理店（広告マン）に出会えたら、くだらない「競合コンペ」制度はやめるべきだ。

変なかけひきなしに、その1社（1人）の広告代理店（広告マン）に徹底的に任せれば、彼らはきっと結果で返してくれる。

その信頼に応えるため、責任という重圧に耐え、何が何でもその目標を達成するために、売れる広告のプラニングに徹底集中する。

効果的な処方せんを書くには1対1での問診が必要なように、**効果のある広告は広告主と広告マンの信頼と責任のもとで行われる必要**があるのだ。

重要

▼結論
広告代理店に本書を渡し、１００％実行させ、目標数字達成を約束させる！

いろいろ書いたが、結論としては広告代理店に発注する際にはズバリ、

「ネットマーケティングを１年間お任せします！」
「この本に書いてある内容を１００％やってください！」
「そして、１年後にはこの『ＣＰＡ』『引上率』『ＣＰＯ』『購入単価』『年間購入回数』『年間購入単価（ＬＴＶ）』『年間ＲＯＡＳ』の目標数字を必ず達成してください！」

と明確に伝えることである。

この章で私が書いた事実は、おそらく**広告業界ではタブー**に属する。

不謹慎かもしれないが、私は別に無理やり広告業界を盛り上げようとは思っていない。

命がけで広告にお金を投資している広告主を儲けさせて、〝広告主業界〟（？）を盛り上げたいと思っている。

広告主が儲かったら、自然と広告業界は元気になるからだ。

最終章

ネット広告／通販で売上を劇的に上げる〝最強の仕組み〟のまとめ

貧乏な"負け組通販"のまとめ

では、ここでまとめる。

まずは**ダメな通販のまとめ**だ。

世の中の多くの通販は、ネット広告をやる際に、「動きのあるイメージ広告」を掲載し、そこから「本サイト」に誘導しているので、レスポンスが最悪だ。

さらに、かろうじて申し込んでくれたお客様に商品（モニターセット等）を送る際に、「電話・ハガキ・FAXがメインの同梱ツール」を送っているので、引き上がらない。

さらに、かろうじて申し込んでくれたお客様に、ゴミみたいなメルマガをストーカーのように何度も一斉配信して、何度も「本サイト」に誘導しようとする……。

あなたに聞きたい。「これってマーケティングですか？」……。

違う！　バカでもできる活動だ。

【まとめ】失敗するネット広告/通販の仕組み

×

【まとめ】
世の中のほとんどのネット広告/通販の仕組みはこんな感じ……

適当なネットマーケティング……

レスポンスステージ ＞ 引上ステージ ＞ リピートステージ ＞ クロスセル

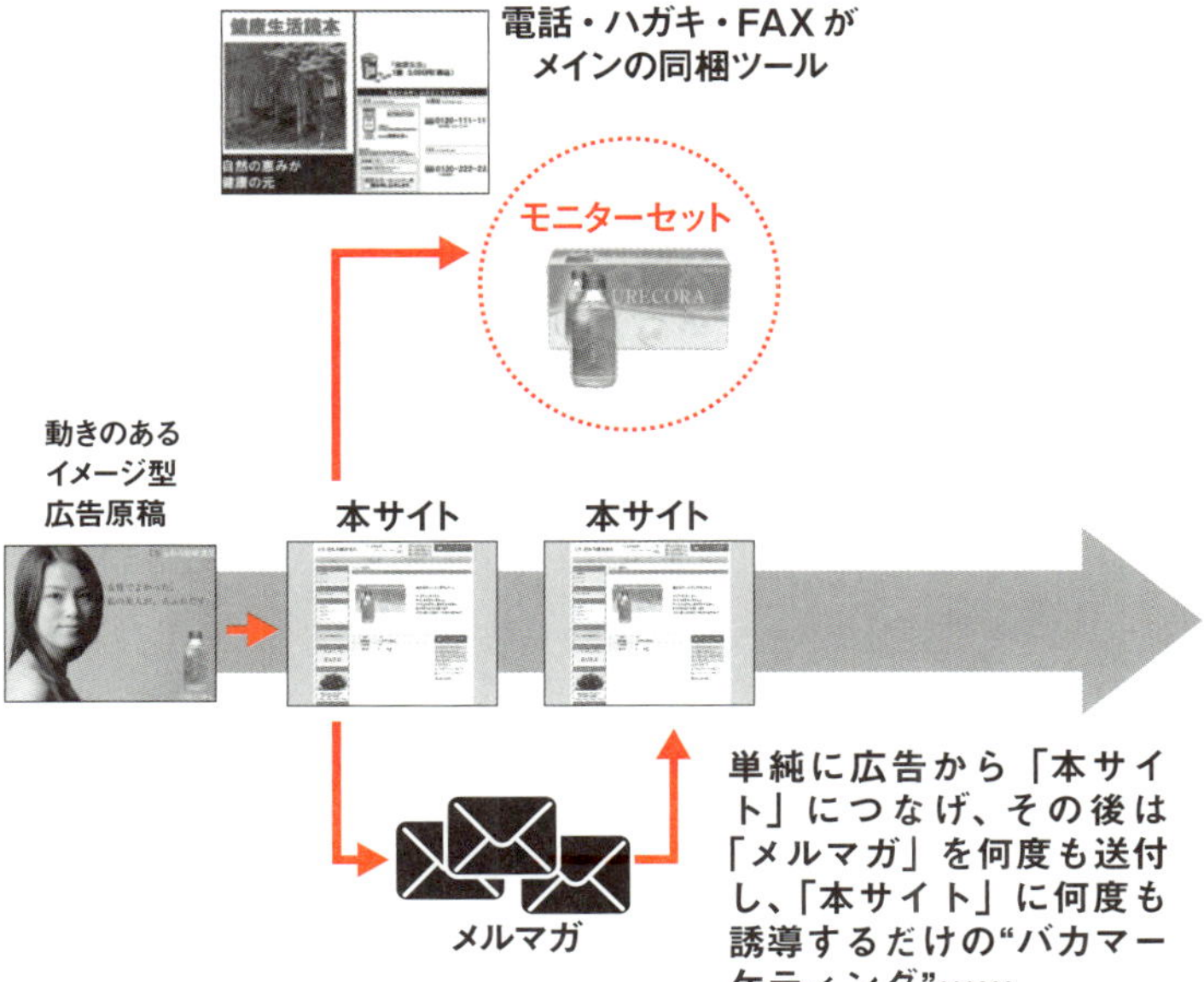
健康生活読本
自然の恵みが
健康の元
電話・ハガキ・FAXがメインの同梱ツール
モニターセット
動きのある
イメージ型
広告原稿
本サイト
本サイト
メルマガ
単純に広告から「本サイト」につなげ、その後は「メルマガ」を何度も送付し、「本サイト」に何度も誘導するだけの“バカマーケティング”……

でも心配しないでほしい。

いまだに、世の中の90％以上の通販会社がこんなネットマーケティング活動をしている。

だからこそ、これってチャンスだと思わないだろうか？

周りがクズのようなネットマーケティングをしているということは、あなたが本日から行動して、この本に書いている**「最強の仕組み」を実践すると、すぐに業界トップになれる**のだ。

すぐに業界トップになれる理由は、あなたがスゴイからではなくて、あなたの競合があまりにもひどいマーケティングをやっているからである。

レベルが低い業界ほど、ブルーオーシャンなのだ。

本書にある「最強の仕組み」をきちんと行動して実践するだけで、すぐに業界トップになれるのである。

重要

大成功する〝勝ち組通販〟のまとめ

この本に書いてある「最強の仕組み」をきちんと行動して実践するだけで、すぐに業界トップになれると言ったが、ここでは**大成功する〝勝ち組通販〟のほとんどが使っている「最強の仕組み」のまとめ**を紹介する。

まずは、ネット広告をやる際に、**動きのないコンテンツ風広告を掲載するとクリック率が上がる！**

そこから、**広告専用ランディングページに誘導**するとコンバージョン率が上がる！

さらに、その広告専用ランディングページを**〝申込フォーム一体型〟**にすると、最高にコンバージョン率が上がる！

さらに、**〝「申込確認画面」でアップセル〟**を行うと最高にアップセル率が上がる！

さらに、**〝「申込完了画面」で友達紹介〟**を行うとクチコミ率が上がる！

さらに、大量に申し込んでくれたお客様に商品（モニターセット等）を送る際に、**「検索キーワード・URL・QRコード」がメインの「ネット専用同梱ツール」を送る**と引上率・リピート率が上がる！

さらに、大量に申し込んでくれたお客様に引上・リピートそれぞれの**ステージ目的に特化した「専用フォローメール」を配信し、「専用ランディングページ」へ誘導す**ると引上率・リピート率が上がる！

さらに、フォローメールの配信タイミングを**〝消費サイクル〟**に合わせるとより引上率・リピート率が上がる！

さらに、フォローメールの配信タイミングを**〝初回申込時間〟**に合わせるとより引上率・リピート率が上がる！

さらに、フォローメールから**〝ワンクリック〟で申込**ができるようにすると、最高に引上率・リピート率が上がる！

その結果、あなたの会社のレスポンスも引上もリピートもクロスセルも劇的に上がり、広告の費用対効果が最高になることはもちろん、売上も倍々に増え、あなたは大

【まとめ】ネット広告/通販で売上を劇的に上げる「最強の仕組み」

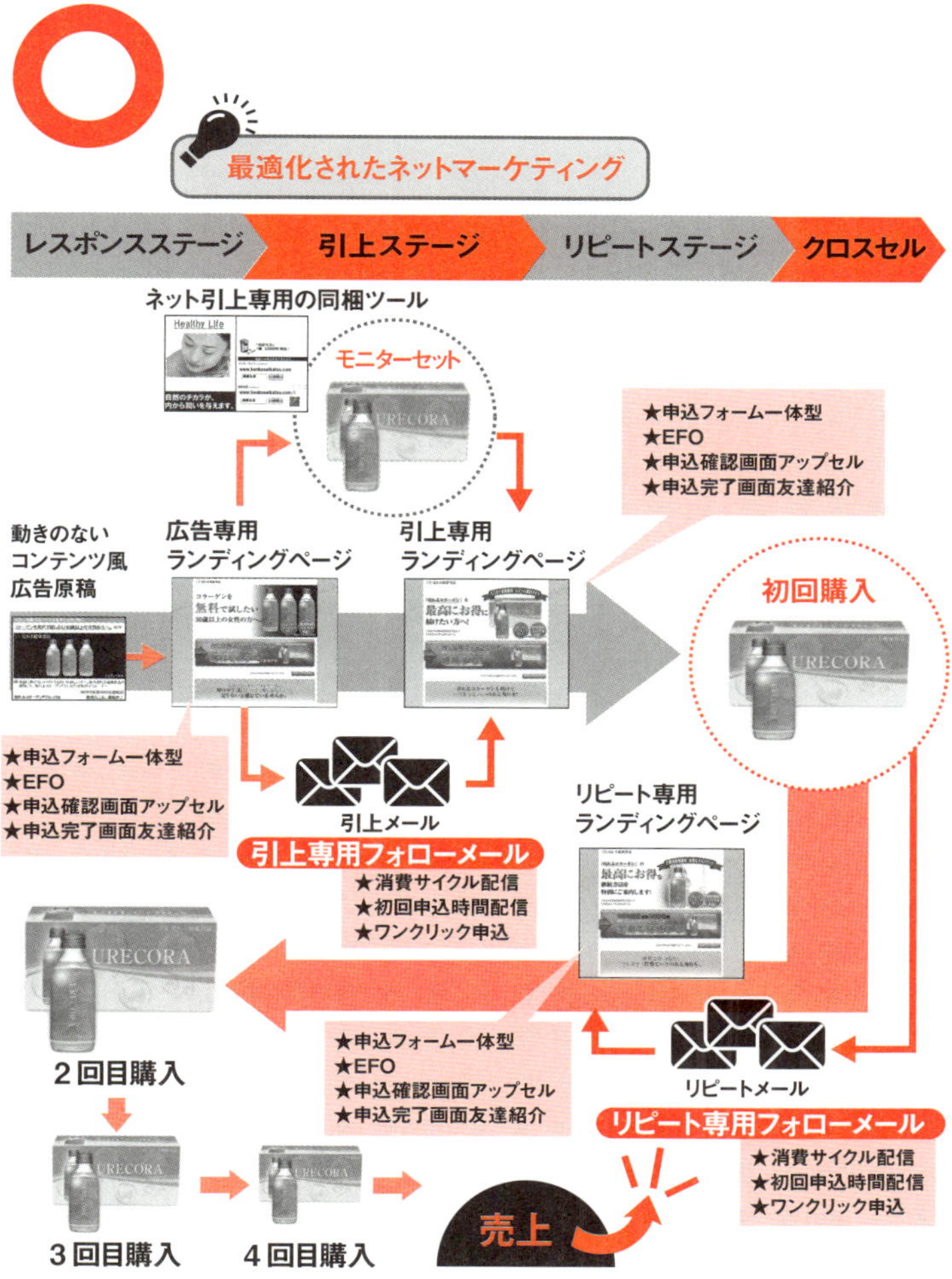

成功する！

この本ではズバリ、**15年間で200億円の広告運用で何百回というA／Bテストを行ってきた中で、特にレスポンス率や費用対効果が劇的に上がったA／Bテストの結果を大暴露**してきた。

この本に仮説やキレイゴトは一切ない。

すべてはA／Bテストにより劇的にレスポンス向上が**実証された結果**ばかりだ。

しかも、**5社以上で同じ結果が出た内容のみ**なのだ。

だから、**この本の結果（内容）をすべて実行したら、あなたのネット広告の費用対効果は100％確実に必ず上がることを宣言するし、約束するし、保証する！**

繰り返すが、この本に書いてある「最強の仕組み」をきちんと行動して実践するだけで、**すぐ楽勝に業界トップになれる**のである。

重要

九州大学発ITベンチャーFusic社の『売れるネット広告つくーる』を使えば、この本に書いてある最強の仕組みがすぐに・低コストで・カンタンに実行できる！

この本で公開した「最強の仕組み」をあなたがすべて実行すれば、ネット広告の費用対効果は100％確実に上がる。

ただし、この「最強の仕組み」は、文字どおり仕組みを改革することなので、もしあなたが現在「ショッピングカートシステム」「メルマガ配信システム」「本サイト」しか持っていないとしたら……、つまり実行するために一から仕組みを構築するとなると、膨大なシステム改修費用がかかってしまう。

さらに莫大な制作費もかかってしまう。**平均的に1000万円前後の初期投資**がかかるだろう。

実際、私のクライアントが外部のシステム会社や制作会社に一からこの仕組みを開発するために払った金額が、東京のクライアントがなんと**約１６００万円、**大阪のクライアントが**約１２００万円、**九州のクライアントが**約８００万円**だった……。

しかも、システムと制作の開発期間に最低でも4か月、最大で12か月かかったクライアントもいる……。

ただし、それは数年前の話。

２０１５年3月現在、**明日から低コストでカンタンにこの本の「最強の仕組み」**を実行できるようになったのだ。

あなたに1番強くオススメしたいのが、**九州大学発ＩＴベンチャーのFusic社が開発・運営している『売れるネット広告つくーる』**（www.ureruad.jp）というツール（ＡＳＰ）だ。

『売れるネット広告つくーる』を使えば、この本でお話ししたノウハウ（仕組み）がすべて実行できるのである。

低コスト、カンタンすぐに、本書の内容がすべて実行できる

売れるネット広告 つくーる

機能1
ランディングページ

専門的な知識が一切なくても"ブログを書くような感覚"で、カンタンにレスポンスを上げるためのランディングページ制作が可能。ワンクリックするだけで、Flashと画像で最適化されたランディングページが生成される。

機能2
エントリーフォーム

加藤公一レオのノウハウによって最適化された申込フォームを搭載。通常のものよりも購入までの遷移が少なく、ユーザー心理的に申し込みやすい要素を盛り込んでおり、レスポンスを確実に上げる。

機能3
サーバ

クラウドコンピューティングを活用し、キャンペーンなどによる急激なアクセスの上昇にも対応可能。また各処理に合わせて、サーバを分散化させることで、処理速度を最適化。
※高負荷アクセス処理・処理スピードを保証するものではない。

機能4
フォローメール

配信タイミングや、配信方法など加藤公一レオの最適化されたノウハウを標準実装。機能、インタフェースともにシンプルでわかりやすくすることで、誰でもメールでレスポンスアップが行えるようになる。

＋

機能5
加藤公一レオのワンポイントアドバイス機能付き

ランディングページ制作やフォローメール設定の各項目に加藤公一レオのワンポイントアドバイスがついている。
レスポンスを上げるための「キャッチコピーの書き方」から「メールの書き方」まで、最適化された最新ノウハウやテクニックをアドバイス。まるでコンサルティングを受けているような感覚で制作を進めることができる。

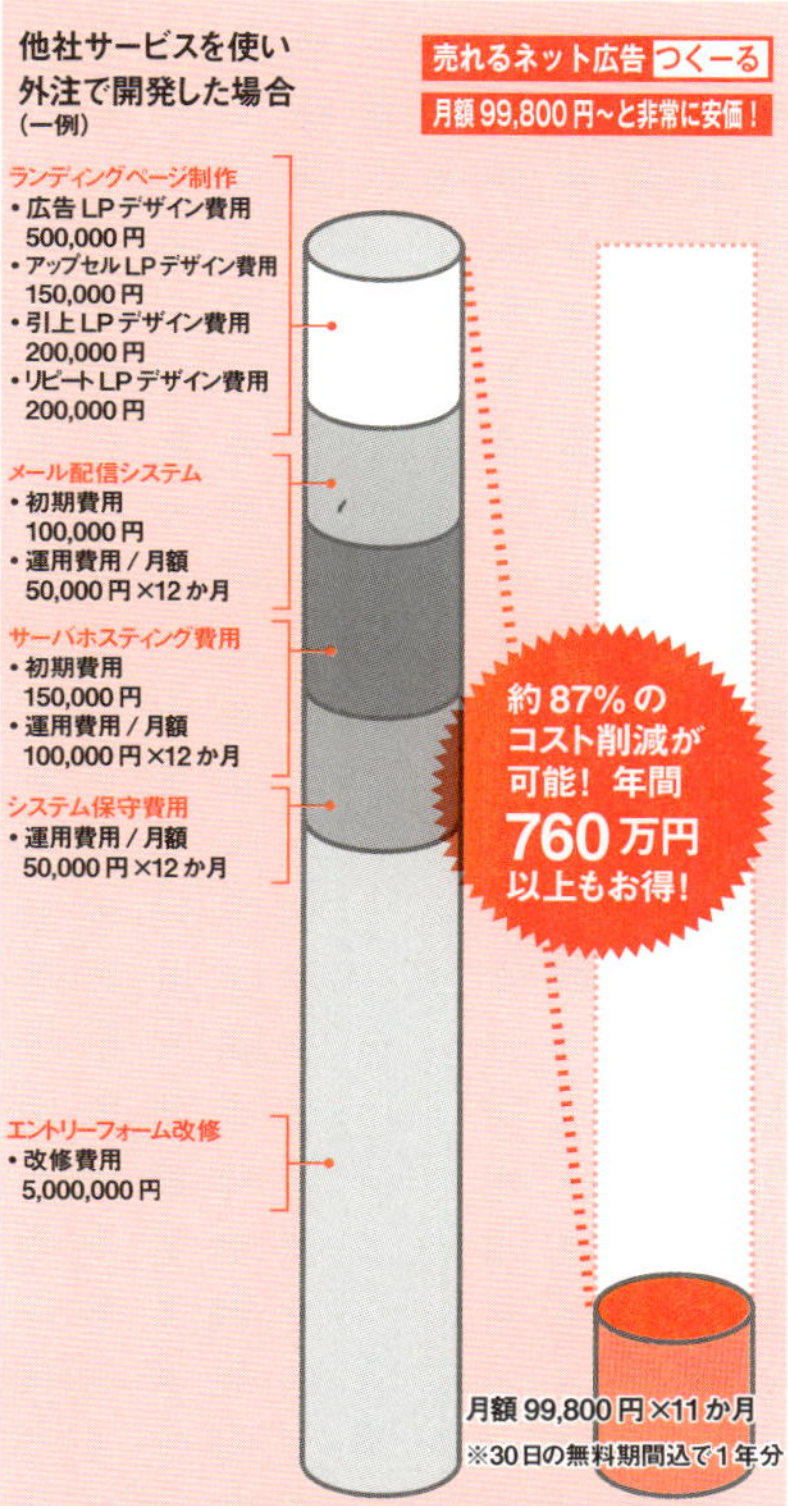
他社サービスを使い
外注で開発した場合
（一例）
ランディングページ制作
・広告LPデザイン費用
500,000円
・アップセルLPデザイン費用
150,000円
・引上LPデザイン費用
200,000円
・リピートLPデザイン費用
200,000円
メール配信システム
・初期費用
100,000円
・運用費用／月額
50,000円×12か月
サーバホスティング費用
・初期費用
150,000円
・運用費用／月額
100,000円×12か月
システム保守費用
・運用費用／月額
50,000円×12か月
エントリーフォーム改修
・改修費用
5,000,000円
売れるネット広告 つくーる
月額99,800円～と非常に安価！
約87%のコスト削減が可能！ 年間760万円以上もお得！
月額99,800円×11か月
※30日の無料期間込で1年分

他社サービスを使い
外注で開発した場合
**初年度総額
870万円**

→

売れるネット広告 つくーる
**初年度総額
110万円**

初年度の費用。本書の内容を完全に再現した場合の平均金額。企業のシステム状況やエリアにより金額は上下する。

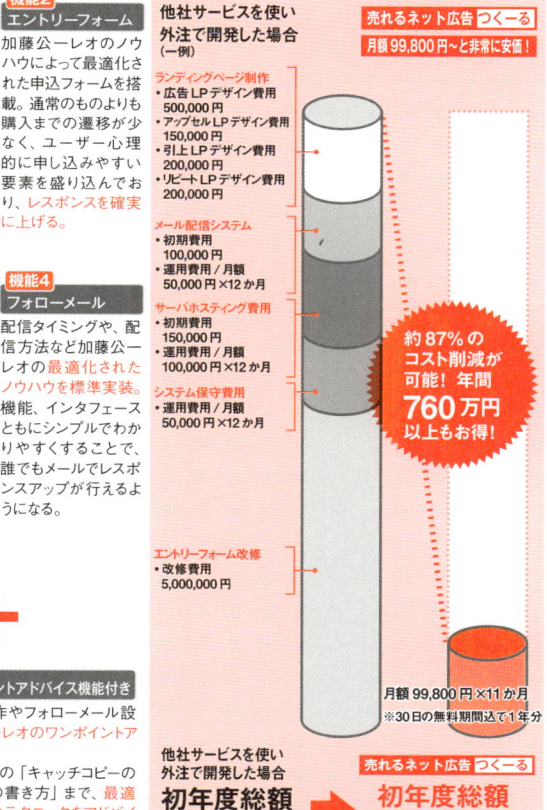

そう、**申込フォーム一体型のランディングページ、確認画面でアップセル、完了画面で友達紹介、専用フォローメール、消費サイクルに合わせた配信、初回申込時間に合わせた配信、ワンクリックで申込**など、すべてができてしまう。

日本どころか世界で唯一の魔法のようなツール（ＡＳＰ）である。

しかも料金はさすが税金で運営されている国立九州大学発ベンチャー。特別価格の**月額９万９８００円～**と非常に安価なのがポイント。

実際に『売れるネット広告つくーる』を使って、この本の売れる仕組みを実行した通販会社がどれくらい費用対効果を上げていったかというケーススタディを２つ紹介する（→２６２ページ）。

そう！　私がコンサルティングを一切していないのに、『売れるネット広告つくーる』を使ってこの本の「最強の仕組み」を自分たちで実行しただけで、**年間ＲＯＡＳ（広告の費用対効果）が６・19倍だったり、11・６倍**上がったりしている。

実際、このツールを使っている会社は**日本で２００社**くらいあるが、**平均的に５倍**

『売れるネット広告つくーる』の仕組み

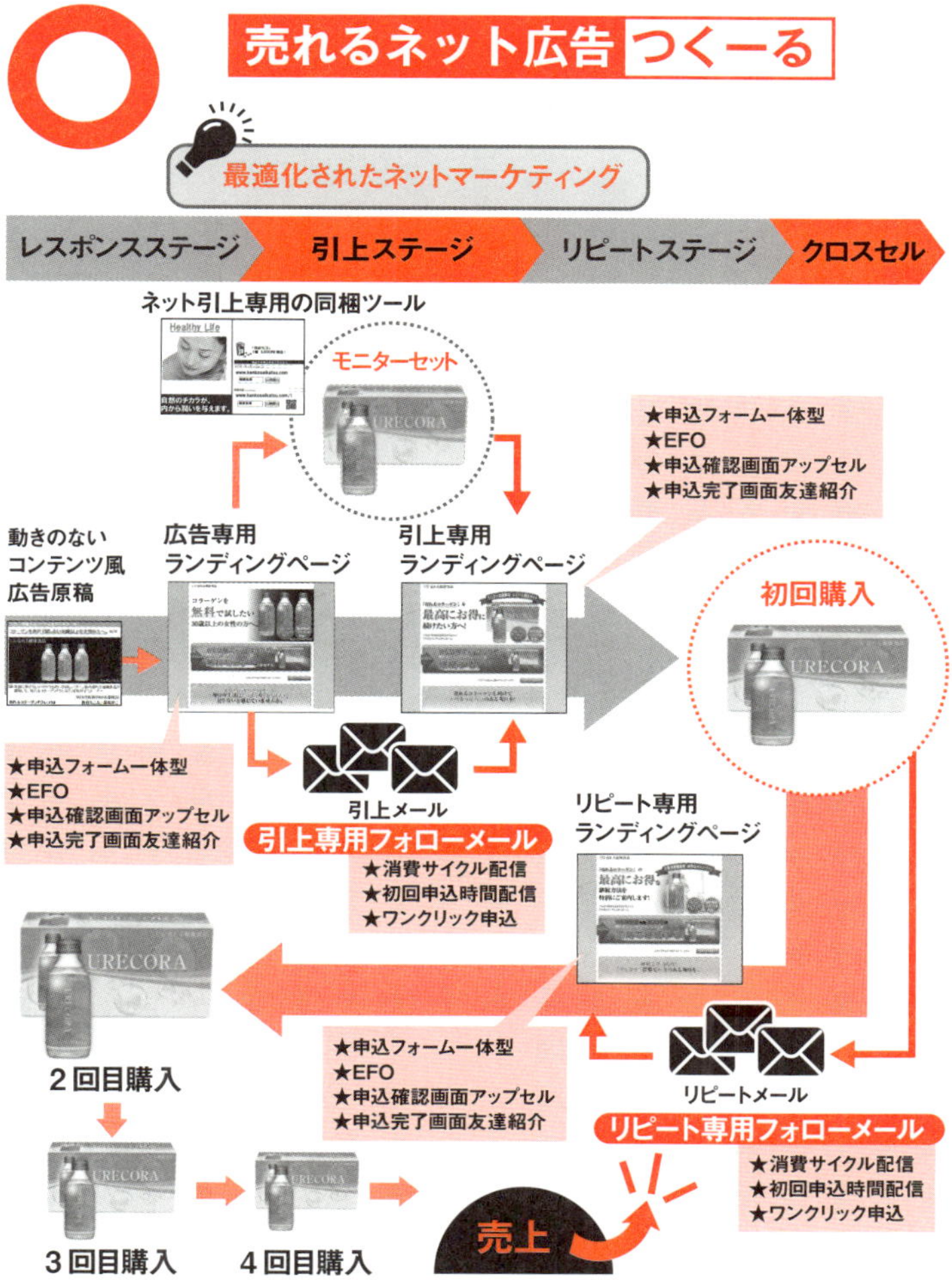

年間ROASが6.19倍＆11.6倍！

売れるネット広告つくーる

実績❶ 〈スキンケア商材〉年間ROAS（広告の費用対効果）6.19倍！

項目	内容	計算式	無料モニター BEFORE 他代理店	無料モニター AFTER 売れるネット広告つくーる
CPA：Cost Per Action	1人のレスポンス獲得にかかったコスト ＊投下コストは媒体費。総レスポンス数は「モニター・サンプル見込客」の獲得件数	投下コスト／総レスポンス数	￥1,930	￥1,250
引上率	レスポンス者中、本商品購入者の割合	総購入者数／総レスポンス数	9.0%	17.5%
CPO：Cost Per Order	1人の本商品購入獲得にかかったコスト	投下コスト／総購入者数	￥21,444	￥7,143
購入単価	顧客1人あたりの1回の購入単価	年商／年間注文件数	￥2,642	￥2,642
年間購入回数	1年間での顧客1人あたりの購入回数	年間客単価／客単価	2.55回	5.2回
年間購入単価（LTV）	1年間での顧客1人あたりの購入単価	年商／顧客数	￥6,737	￥13,738
年間ROAS	1年間での広告の費用対効果	年間購入単価（LTV）／CPO	31%	192% GOOD!

実績❷ 〈サプリメント商材〉年間ROAS（広告の費用対効果）11.6倍！

項目	内容	計算式	500円お試し BEFORE 他代理店	無料モニター AFTER 売れるネット広告つくーる
CPA：Cost Per Action	1人のレスポンス獲得にかかったコスト ＊投下コストは媒体費。総レスポンス数は「モニター・サンプル見込客」の獲得件数	投下コスト／総レスポンス数	￥5,000	￥1,052
引上率	レスポンス者中、本商品購入者の割合	総購入者数／総レスポンス数	15.0%	27.9%
CPO：Cost Per Order	1人の本商品購入獲得にかかったコスト	投下コスト／総購入者数	￥33,333	￥3,770
購入単価	顧客1人あたりの1回の購入単価	年商／年間注文件数	￥3,240	￥3,370
年間購入回数	1年間での顧客1人あたりの購入回数	年間客単価／客単価	3.0回	3.78回
年間購入単価（LTV）	1年間での顧客1人あたりの購入単価	年商／顧客数	￥9,720	￥12,739
年間ROAS	1年間での広告の費用対効果	年間購入単価（LTV）／CPO	29%	338% GOOD!

以上年間ＲＯＡＳ（広告の費用対効果）が上がっているのだ。

『売れるネット広告つくーる』を使えば、**もうシステム会社も、制作会社も、**私みた**いなコンサルティング会社もいらない。**

おわりに

成功者と失敗者の唯一の違いとは？

ノウハウを知り、勉強するだけでは何も変わらない。

システムや社内調整が必要などといろいろな言い訳をしても意味がない。

せっかく、本書をここまで読んだのであれば、必ず実行してネットマーケティングの費用対効果を何倍にでも上げてほしい。


今回、この本でご紹介した手法やノウハウについて、最近あらゆる講演でお話しする機会が増えてきた。

すると、通販／広告業界の方から、

「ネット広告のレスポンスと費用対効果が飛躍的に上がった！」

という喜びの声をいただくことも多くなった。

ただし、正直なところ、これらのノウハウは私がゼロから考えた手法ではない。

ネットが登場する100年以上も前から偉大な先人ダイレクトマーケターの知恵やノウハウを、ネットという世界に適用（逆輸入）させてきただけである。

実はネットにおいて、その売るためのヒントは意外なことに、過去のアナログマーケティング、とりわけ**「ダイレクトマーケティング」**にある。

たかが十数年の歴史しかないネットに比べて、**ダイレクトマーケティングには100年以上の歴史**があり、そこには先人が命がけで貯めてきた貴重な知恵やノウハウがある。

この業界でよく語られるキレイゴトだらけの次世代マーケティングほど話に華やかさはないが、そこには**堅実な知恵**がある。

最後に宣言するが、売れる仕組みをしっかり実践すると、100％確実にネット広告の費用対効果を上げて儲けることができる！　売上を上げることができる！

〝実現できるか／実現できないか〟は、あなたが〝実行するか／実行しないか〟の違いでしかない。ぜひチャレンジしてみてほしい。

［著者］

加藤公一レオ（かとう・こういちれお）

株式会社 売れるネット広告社
代表取締役社長
1975年サンパウロ生まれ。ロサンゼルス育ち。

西南学院大学経済学部卒業後、三菱商事入社。

その後、Havas Worldwide Tokyo、アサツーディ・ケイ（ADK）で一貫してネットビジネスを軸としたダイレクトマーケティングに従事。担当した全広告主のネット広告が大成功。「レスポンスの魔術師」と呼ばれる。

2010年、株式会社 売れるネット広告社を創業。

やずや、味の素、エーザイ、オークローンマーケティング、花王、興和、サンスター、JIMOS、日清食品、ハウス食品、はぴねすくらぶ、森永乳業、山田養蜂場、ライオン、ロート製薬、アサヒフードアンドヘルスケアなどの大手通販から中小通販まで、企業数を絞り限定コンサルティング。

広告・マーケティング業界のオリンピックと称される「アドテック」で3年連続日本一になる。

アドテック東京2012公式カンファレンス 人気スピーカー1位。

アドテック九州2013公式カンファレンス 人気スピーカー1位。

アドテック九州2014公式カンファレンス 人気スピーカー1位。

やずやベストパートナー賞受賞。Webクリエーション・アウォードWeb人貢献賞受賞。

「アドテック」「ネットショップ担当者フォーラム」「ダイレクト・マーケティング・フェア」「宣伝会議」「日経デジタルマーケティング」「通販新聞」など講演多数。

神田昌典氏主催「マーケティング白熱会議」のゲストスピーカーにも登壇。

100％事実のみ・仮説は一切なしのセミナーは、他を圧倒するパフォーマンスと大好評。

「九州インターネット広告協会」の初代会長も務めた。

著書に、『単品通販“売れる”インターネット広告』（日本文芸社）がある。

【売れるネット広告社 HP】www.ureru.co.jp
【売れるネット広告社 Facebook】www.facebook.com/ureru
【売れるネット広告つくーる HP】www.ureruad.jp
【著者 Facebook】www.facebook.com/leokato
【著者セミナー】www.ureru.co.jp/leoseminar

ネット広告&通販の第一人者が明かす
100%確実に売上がアップする最強の仕組み

2015年3月5日　第1刷発行

著　者 ――――― 加藤公一レオ
発行所 ――――― ダイヤモンド社
〒150-8409　東京都渋谷区神宮前6-12-17
http://www.diamond.co.jp/
電話／03･5778･7234（編集）　03･5778･7240（販売）

装　丁 ――――― 萩原弦一郎、橋本雪（デジカル）
本文デザイン･DTP ― 新田由起子、徳永裕美（ムーブ）
製作進行 ――――― ダイヤモンド・グラフィック社
印　刷 ――――― 加藤文明社
製　本 ――――― ブックアート
編集担当 ――――― 寺田庸二

ISBN 978-4-478-02859-9

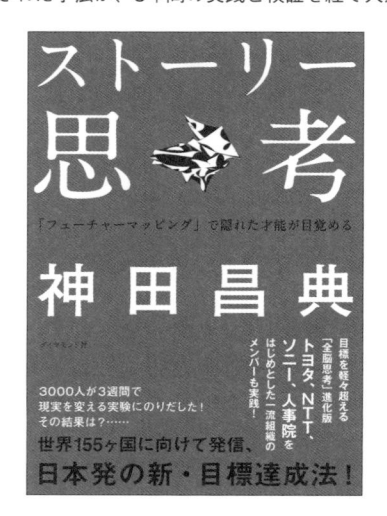

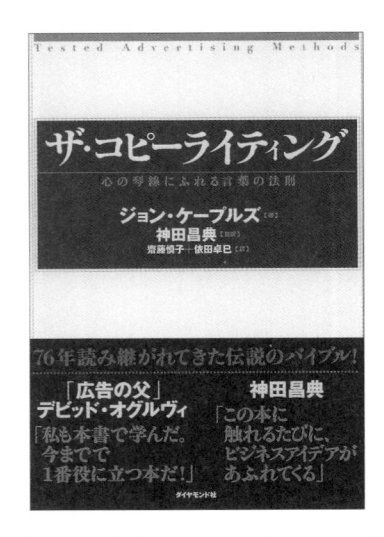